COMTE DE BELLEVÜE

GÉNÉALOGIE

DE LA FAMILLE

DESGRÉES DU LOÛ

VANNES

IMPRIMERIE LAFOLYE FRÈRES

1903

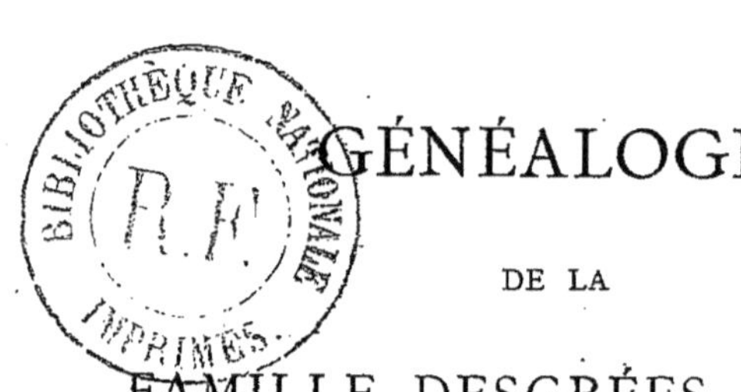

GÉNÉALOGIE

DE LA

FAMILLE DESGRÉES DU LOÛ

COMTE DE BELLEVÜE

GÉNÉALOGIE

DE LA FAMILLE

DESGRÉES DU LOÛ

VANNES

IMPRIMERIE LAFOLYE FRÈRES

1903

GÉNÉALOGIE

DE LA

FAMILLE DESGRÉES DU LOÛ

I° HISTORIQUE

La famille **Desgrées (Desgrée** ou **des Grées)** (1) est d'ancienne extraction chevaleresque et vivait noblement en Bretagne dès le XIVe siècle. Plusieurs prétendent qu'elle est d'origine Ecossaise, et qu'un de ses membres, Richard de Gray, ayant été, avec quelques autres officiers, envoyé en 1234 par le roi d'Angleterre, Henry III, au secours du duc Pierre Mauclerc, se fixa en Bretagne, où sa race s'est perpétuée jusqu'à nos jours. La branche aînée aurait continué à résider en Ecosse et produit : Raynal, sire de Gray, qui ratifia comme baron Ecossais le traité d'alliance conclu à Nantes le 1er mars 1373 entre le duc de Bretagne et le roi d'Angleterre ; et un sire de Gray

(1) Ce nom s'est écrit tantôt « des Grez ». « des Grées », « Desgrées », ou « Desgrée » ; au XVIIIe siècle le Président de la noblesse aux Etats de Bretagne, ainsi que la plupart de ses contemporains, l'écrivaient « Desgrée ». Les membres actuels de cette famille l'orthographient, les uns « Desgrées; », les autres « des Grées ».

(ou de Grez), chevalier, qui fut envoyé également à Nantes en 1445 en ambassade près du duc de Bretagne par le roi d'Ecosse.

Que cette origine soit ou non justifiée, nous trouvons, dès le XIVe siècle, des représentants de cette famille dans le pays de Ploërmel, où elle parut aux Montres de la Noblesse de l'Evêché de Saint-Malo en 1369, 1373, 1380, 1491, 1543 et 1569; aux Réformations de 1427, 1440, 1448, 1453, 1454, 1513 et 1536, sous Augan et Guer ; elle fut maintenue à la Réformation de 1669 sous le ressort de Ploërmel, par arrêt du 16 mars 1669, dans sa noblesse d'extraction, avec qualité d'Ecuyer.

Le chef de cette Maison porte, depuis 1597, le titre de Vicómte, depuis 1670, celui de Comte, et, depuis 1656, le nom du Loû, terre principale de la famille.

Nous remarquerons parmi ses membres : **Marin des Grées**, « attaché au Connétable du Guesclin par l'estime et par le sang », qui suivit toujours son sort et abandonna même pendant quelque temps avec lui le service du duc de Bretagne pour passer à celui du roi de France ; il parut comme Ecuyer à la Montre de Jean de Beaumanoir, à Saint-Lô, le 1er février 1369, et assista, également comme Ecuyer, au siège de Brest en 1373 ; **Guyot des Grées, sgr de la Touraille**, qui parut aux Montres d'Alain Brient et de Jean Ferron, à Bergerac, les 1er avril et 1er août 1380 ; **Jean III des Grées, chevalier, sgr de la Touraille, Capitaine du duc de Bretagne** en 1470 ; **Prigent Desgrées, chevalier, sgr de la Touraille**, qui parut comme Ecuyer à la Montre de Raoul Tizon, à Lesneven, le 21 août 1543 ; **Julien Desgrées, chevalier, sgr de la Touraille, officier Royaliste** sous la Ligue, avec ses deux fils, **Jean** et **Nicolas** ; **Jean V**, dit « **Vicomte Desgrées**, » surnommé « **le Prodigue** », **Capitaine Royaliste** sous la Ligue ; **Jean-Mathurin Desgrées, comte du Loû**, maintenu à la Réformation de 1669 ; **Jean-Hyacinthe Desgrées, Comte du Loû, Sénéchal de Ploërmel** de 1717 à

1723 ; **Bertrand-Marie Desgrées, comte du Loû, officier de Bombardiers**, puis **Avocat** et **Sénéchal de Ploërmel** de 1724 à 1732 ; **Jacques-Bertrand-Colomban Desgrée, comte Desgrée du Loû**, élu **Président de l'ordre de la noblesse aux Etats de 1768 et de 1772** ; **Jean-Marie-Bertrand Desgrée, Vicomte Desgrée, Lieutenant-Colonel** et **Chevalier de Saint-Louis** en 1779 ; **Henry Desgrées du Loû, Capitaine de Dragons** pendant la campagne de 1870-1871, nommé **Chevalier de la Légion d'Honneur** par suite de la part glorieuse qu'il prit à la bataille de Forbach, le 6 août 1870 ; **Xavier Desgrées du Loû, Capitaine dans la Légion Etrangère** cité à l'ordre de l'armée d'Indo-Chine le 9 avril 1894, nommé **Chevalier de la Légion d'Honneur** en 1895.

La famille Desgrées s'est alliée entre autres aux familles DE BELLOUAN-AVAUGOUR, vers 1435 ; *Henry du Quengo* vers 1510 ; *du Boisguéhenneuc* en 1515 ; *de Trieux*, en 1506 ; *Veisin de Jerguy* en 1530 ; *de Quéjau* en 1567 ; *Choüart*, vers 1590 : *du Guiny* en 1585 ; *Péan de Pontphily* en 1600 ; *d'Angoulevent*, en 1607 ; *de la Ruée* en 1607 ; *de la Motte* en 1601 ; *de Mordelles* en 1603 ; *de Sérent* vers 1612 ; *Pasquier de la Villeblanche* vers 1639 ; *du Rocher* vers 1640 ; *Avril du Loù*, en 1631 ; *Céze du Boschet* vers 1654 ; *Picaud du Quéheon* en 1655 ; *Judes du Buschet* en 1659 ; *Beschard de la Villeneuve*, en 1670 ; *Labbé* vers 1685 ; *le Mélorel* vers 1687 *Henry du Plessis*, en 1689 ; *de Saint-Malon* en 1723 ; *le Doüarain de Lemo* en 1715 et 1798, *Le Malliaud de Kerhoarno* en 1724, *Deyssautier de la Lande* en 1763 ; *du Hallay de Coëtquen* en 1767 ; *Gaudin de la Bérillaye* en 1760 ; *Espivent de Perran* en 1804 ; *Fabre* en *1813* ; *de Lambilly* en 1832 ; *de Margadel* vers 1846 ; *de Douville* vers 1850 ; *Viriot* en 1852 et 1857 ; *Jégou du Laz* en 1858 : *Gobbé de la Gaudinais* en 1859 ; *de Châtellus* en 1871 ; *Briot de la Crochais* en 1875 ; *le Nepvou de Carfort* en 1878 ; *le Jariel de Fontenay* en 1877 ; *de Gratteloup* en 1882 ; *Riou du*

Cosquer vers 1890 ; *Dézanneau* en 1891 ; *Hamonno* en 1891 ; *Daudeteau* en 1896 ; *Bichiron* en 1893 ; *Couret* en 1901 : *Jouan* en 1902.

Par leurs alliances avec les *Bellouan*, descendant des d'Avaugour puînés des Penthièvre ; les *Quéjau* descendant, par les Trécesson des Montauban, puînés des Rohan, et par les Couétus des du Plessix-Mauron, puînés des Montfort ; les *d'Angoulevent*, juveigneurs des Dinan, et descendant des Quélen, ramage de Poher, d'où sont sortis également les ducs de Bretagne et les comtes de Porhoët ; les *Avril*, descendant des d'Avangour ; et les *du Hallay*, descendant des Coëtquen, des Sévigné, des d'Acigné, des Malestroit et des Montmorency, les **Desgrées** se sont rattachés aux Maisons souveraines de Bretagne, de France et d'Angleterre et aux illustres familles des Bréhand, de Trécesson, d'Yllifaut, du Plessis, de Rosmadec, de Marnière, de Guéhéneuc, le Ny de Coatlez, du Cahideuc, de Coëtlogon, d'Andigné, de la Bourdonnaye, d'Avaugour, de Porcaro, du Masle, Le Meneust de Bréquigny, de la Porte d'Artois, de Chateaurenaud, de Racinoux, de la Fresnaye, de Coëtmen, d'Aiguillon, de Boisgeslin, d'Estaing, de Châteaubriand, de Gouvello, Marin de Moncan, Larcher de la Touraille, de Maillé, de la Tourlandry, du Cambout, de Trogoff, de Bizien, de Duras, le Prestre, etc.

La famille Desgrées porte pour armes :

D'azur à la fasce d'hermines, accompagnée de trois étoiles d'argent

Couronne de comte ; supports : deux lions.

Devise : « *Semper fidelis* ».

II° SEIGNEURIES

La famille **Desgrées** a possédé les seigneuries de *la Touraille*, *la Villerio, Brambro* et *Jerguy*, en Augan ; *Botquidé* en Monteneuf ; *la Ville-Marie* en Ruffiac ; *le Gaffre* et *le Hino* en Ploërmel : *Quéjau, la Vallée* et la *Chateigneraye* en Campénéac : *la Noë* en Guer ; *Lesné* en Gaël ; *le Lou, Kergo et le Val* en Saint-Léry ; *la Galliotais* et *la Gripponnière* en Yvignac ; *la Lande* en Moréac ; *l'Hôtel-Neuf* en Caro ; *la Saulaye* en Saint-Gravé : *la Renaudaye* et *les Abbayes* en Saint-Etienne-de-Monluc ; *Champ-Gauchard* en Vannes : *Roscanvec* en Elven : *le Cormier* en Bovel.

Les Desgrées possédaient en outre un hôtel, à Rennes, à l'entrée ouest de la rue Saint-Georges, dès le XVe siècle et jusqu'à la Révolution. Ils avaient droits d'enfeu dans l'église des P. Carmes de Rennes, rue Vasselot ; dans les églises paroissiales d'Augan, de Campénéac, de Saint-Léry et d'Yvignac ; et dans la chapelle privée du château de Loû.

Nous allons dire quelques mots des principales seigneuries que possédèrent les Desgrées.

La Touraille, château et seigneurie en le paroisse d'Augan, avec moyenne et basse justice, chapelle, fuye, futaye et métairie, banc et enfeu prohibitif dans l'église d'Augan ; située à 2 kilomètres à l'ouest de ce bourg et sur le bord de la rivière d'Oyon, elle relevait en partie de la Châtellenie de Malestroit. Elle appartenait dès le XIVe siècle aux Desgrées, qui furent titrés en 1598 « vicomtes de la Touraille », et qui vendirent cette terre en 1603 aux le Doüarain. Saisie sur ceux-ci en 1709, elle vendit la propriété de René Liger de la Châteigneraye, qui la revendit en 1716 aux Larcher, seigneurs du Bois-du-Loup. Un des membres de cette famille, Jean-Chrysostôme Larcher, comte de la Touraille, mestre de camp de cavalerie, aide-de-camp du Prince de Condé, chevalier de Saint-Louis, fut célèbre vers la fin du règne de Louis XV (1). Il vendit la Touraille en 1765 à son beau-frère Pierre-Noël-Gabriel le Doüarain de Lemo qui prit le titre de vicomte de la Touraille, et dont la veuve céda cette propriété en 1820 à son cousin Jacques, comte le Doüarain de Lemo veuf d'Aglaée Desgrées-du-Loû. Sa fille, Aglaée le Doüarain de Lemo, épousa en 1824 Charlemagne Mouësan, comte de la Villirouët (2), qui posséda la Touraille et Lemo. A sa mort en 1874, le château de Lemo vint à son fils, le comte Paul Mouësan de la Villirouët, et celui de la Touraille à sa fille, Aglaée Mouësan de la Villirouët, épouse depuis 1852 d'Edouard Fournier, Marquis de Bellevüe, avec lequel elle y demeure actuellement.

La Villerio, seigneurie en Augan, à 1 kilomètre au sud-ouest de la Touraille, avec banc et enfeu dans l'église d'Augan. Les Desgrées y parurent aux Réformations de 1427, 1440, 1453 et 1513 et la portèrent par alliance en 1515 aux du Boisguéhenneuc, desquels elle vint aux de Coniac en 1672, et de ceux-ci par alliance aux de la Monneraye en 1755. Ceux-ci ayant émigré en 1791, la Villerio fut vendue nationalement et achetée par un M. Burdelot, père de M. Bouju, dont la fille épousa M. Karlskindt, commandant d'artillerie en retraite. Elle mourut veuve et sans enfant à Rennes en 1899, laissant la Villerio à son oculiste, le docteur Monphous, qui l'a vendue en 1901 au

(1) Voir *Le Comte de la Touraille, soldat philosophe et poète au XVIIIe siècle*, étude biographique et littéraire par le comte de Bellevue, Vannes Lafolye, 1890.

(2) Voir *La comtesse de la Villirouët, née de Lambilly : une femme avocat : épisodes de la Révolution à Lamballe et à Paris;* et la *Généalogie de la famille Mouësan de la Villirouët*, par le comte de Bellevüe, Nantes, Grimaud, 1902.

comte Libault de la Chevasnerie, époux de Anne-Marie Mouësan de la Villirouët, châtelaine de Lemo. C'est actuellement une ferme d'environ quarante hectares.

Brambro, métairie, village et moulin en Augan, près de la Villerio. Elle vint aux Desgrées par alliance avec les Driant en 1453. Les Desgrées la portèrent avec la Villerio en 1515 aux du Boisguéhenneuc, qui la vendirent au XVIIe siècle aux Nouvel et aux le Doüarain.

Jerguy, très ancienne seigneurie et village en Augan, à 5 kilomètres à l'ouest de ce bourg. C'est en ce lieu (« Ker-Guy » « Guibourg ») que vint habiter au commencement du VIe siècle saint Armel, quand il évangélisa le pays qui depuis porte son nom « Plou-Armel ». Jerguy, avec chapelle sous le vocable de Saint-Méen, fut paroisse jusqu'au commencement du XVIe siècle ; elle fut ensuite rattachée à Augan, comme trêve. Le château de Jerguy, jadis chef-lieu d'une seigneurie importante, fut entièrement détruit pendant les guerres de la Ligue ; ses seigneurs, qui avaient droits de justice, d'enfeu et de prééminence dans l'église de Jerguy, étaient au XIVe siècle, les Alain, dits de Jerguy, qui portèrent cette terre en 1460 aux Veisin, dits également de Jerguy, desquels elle vint par alliance en 1546 aux Desgrées, qui la possédaient lors des guerres de la Ligue, et qui vendirent ce fief en 1622 aux le Bart, qui en étaient possesseurs lors de la Réformation de 1680.

Botquidé, seigneurie en Monteneuf, à 2 kilomètres au sud-ouest du bourg, dont le manoir fut détruit par les Ligueurs vers 1595. Elle appartenait dès le XIVe siècle aux Guillaume, qui la portèrent par alliance en 1470 aux Desgrées, qui la possédaient lors des guerres de la Ligue et desquels elle vint en 1607 aux la Ruée, qui la vendirent vers 1620 aux Couësplan ; ceux-ci la portèrent en 1629 aux Lezenet, desquels elle revint en 1671 aux Couësplan, qui la joignirent à leur terre de la Ville-Morin et la possédèrent jusqu'à la Révolution. A partir de 1570 et jusqu'en 1671, la seigneurie de Botquidé fut divisée en deux parties : la première aux Desgrées puis aux Couësplan, comme nous l'avons dit, et la seconde aux Bouyn.

La Villemarie, seigneurie en Ruffiac, à 2 kilomètres au nord-ouest du bourg, près du Préclos; elle appartenait dès 1350 aux Mainbier ; puis, de 1450 à 1621, aux Desgrées.

Le Gaffre, très ancienne seigneurie, en Ploërmel, à 4 kilomètres au sud-est de cette ville, avec manoir, moulin, fief, dit « le fief au gaffre », droits de moyenne justice, de prééminence, de fondation et d'enfeu dans la chapelle Saint-Roch de la Couardière. Il semble que dès le XIVe siècle le « fief au gaffre » était distinct du Gaffre lui-même. Le premier appartenait dès 1350 aux Lemo qui le portèrent en 1609 au Lezenet, et ceux-ci en 1627 aux Kermeno, lesquels le vendirent en 1668 aux Picaud de Quéheon. Tant qu'au manoir du Gaffre, il était en 1487 aux Veisin de Jerguy, desquels il vint en 1546 aux Desgrées. Il fut détruit en partie par les Ligueurs. Les Desgrées semblent l'avoir vendu vers 1627 aux la Lande de la Grézillonnaie, qui le revendirent en 1663 aux Fabrony de la Garoulaye, lesquels le réunirent à leur terre de la Garoulaye.

Le Hino, seigneurie en Ploërmel, à 4 kilomètres à l'est de cette ville, avec manoir, métairie et moulin, droits de moyenne justice et d'enfeu dans la cathédrale de Ploërmel et dans la chapelle Saint-Maur, près du village de Gourhel. Cette seigneurie appartenait dès le XIVe siècle aux de Quéjau, probablement par suite de leur alliance avec les Trécesson ; les Quéjau la portèrent en 1565 aux Desgrées, desquels elle vint en 1627 par héritage aux Choüart ; ceux-ci la vendirent en 1658 aux Perret, qui la revendirent vers 1682 aux Abillan de Quéjau, qui rattachèrent le Hino à leur terre de Rochefort.

Quéjau, seigneurie avec manoir, chapelle privée, fuye, métairie, moulin, droits de moyenne justice et d'enfeu dans l'église de Campénéac, située à 2 kilomètres à l'ouest de ce bourg. Elle semble avoir été un démembrement de la châtellenie de Trécesson, faite en faveur de Guillaume, « de Quéjau », sgr de Lesné, époux en 1370 d'Aliette de Trécesson. Les Quéjau la portèrent en 1565 aux Desgrées, avec Lesné, en Gaël, et ceux-ci la vendirent en 1627 aux Abillan, desquels elle vint par alliance en 1769 aux Tuault, auxquels le château de Quéjau appartient encore aujourd'hui.

La Châteigneraye, seigneurie de Campénéac à 4 kilomètres à l'est de ce bourg, avec manoir, métairie, chapelle privée, futaye, garennes et droits de moyenne justice. Berceau d'une famille de la Châteigneraye, elle vint par des alliances successives aux Rohan du Gué d'Isle en 1340, aux la Feuillée en 1512, aux Beaumanoir en 1538, aux Rosmadec en 1561 ; ceux-ci la vendirent en 1595 aux Trécesson, qui la conservèrent jusqu'en 1724, époque à laquelle elle fut achetée par les Emmerez de Charmoy ; saisie sur eux par ordre du Parlement en 1758, elle fut adjugée en 1762 aux Desgrées, qui la vendirent en 1802 aux châtelains de Trécesson. Le vieux manoir de la Châteigneraye existe encore, il sert actuellement de bâtiments à cette ferme qui dépend de Trécesson.

Le Cormier, seigneurie en Bovel, près de ce bourg, avec manoir et métairie ; elle fut achetée des Brehier vers 1885 par le comte Louis Desgrées-du-Loû, dont la fille a épousé en 1870 M. Briot de la Crochais, châtelain du Bois-de-Nast, en Maure près du Cormier.

Lesné, seigneurie en Gaël à 2 kilomètres au sud du bourg avec manoir qui appartenait au XVe siècle aux Quéjau, qui la portèrent par alliance en 1565 aux Desgrées, qui l'habitèrent longtemps, et la vendirent en 1829 à M. Dupont, de Saint-Servan. Le vieux manoir de Lesné existe encore et sert de bâtiments de ferme.

Le Loû, seigneurie avec droits de haute justice, d'enfeu et de prééminence dans l'église paroissiale de Saint-Léry, qui n'en est éloignée que d'un kilomètre vers le sud. Elle se composait d'un manoir, avec chapelle privée, métairie, moulins, étangs, bois et fief assez étendu, des métairies du Fresne et de la Vallais ; des moulins à eau de la Haye et du Bois, des moulins à vent de la Tertrée et de la Touraille ; des rôles du Vauferrier, et de la Folie, valant annuellement 36 fr., 2 chapons et 2 poules. Elle fut le berceau d'une famille du Loû, qui la porta vers le commencement du XVe siècle aux Thomas de la Motte par le mariage de Jacquette du Loû avec Pierre Thomas; ils parurent à leur manoir du Loû « R. 1444: Le Loû vint ensuite aux Kermeno, qui le possédaient R. 1513 et le vendirent vers 1560 aux Avril de Kergo ; Jean VI Desgrées, sgr de Lesné, épousa en 1631 Marie Avril, et mourut en 1635 laissant un fils, Jean VII, qui hérita en 1656 de la seigneurie du Loû de sa tante Gillette Avril, morte veuve et sans enfant de Jean de Coscat, sgr de Tymadeuc. Par suite, le château du Loû devint le chef-lieu de la famille Desgrées, dont le chef prit le titre de Comte du Loû. Jean-Marie-Jacques Desgrées, ayant hérité en 1813 de son oncle, l'ancien Président de la Noblesse, de la seigneurie du Loû, la vendit, en même temps que Lesné et le Val en 1829. Le Loû fut acheté avec le Val moyennant 82.000 francs par M. Pierre Heurtel, armateur de Saint-Servan, dont les enfants le vendirent vers 1841 à Yves-Raoul des Prez de la Morlaye, époux de Angélique-Constance Rolland du Noday. Le château du Loû, vaste construction du XVIIe siècle, sans style, est actuellement la demeure de son fils, Bertrand des Prez de la Morlaye, époux depuis 1868 de Marie le Blanc du Boisricheux.

La Griponnière et la *Galliotais*, en Yvignac, appartenaient au XVe siècle aux d'Angoulevent, qui demeuraient à la Grip-ponnière R. 1513, et portèrent ces seigneuries par alliance en 1607 aux Desgrées.

La Lande, en Moréac, appartenait aux Deyssautier, qui la portèrent en 1763 aux Desgrées, lesquels la conservèrent jus-qu'en 1801.

La Renaudaye et les Abbayes, en Saint-Etienne de-Montluc, vinrent aux Desgrées en 1760 des Gaudin de la Bérillaye ; elles devinrent ensuite par alliances la propriété des le Doüarain de Lemo en 1798 et des Mouësan de la Villerouët en 1824.

Le Val, manoir et seigneurie dans le bourg même de Saint-Léry, fut vendu en 1829 par le comte Desgrées du Loû, avec le Loû et Lesné, à M. de la Morlaye qui le revendit vers 1860 à Mademoiselle de Cintré, de laquelle il a été racheté par la commune, qui a fait bâtir, sur l'emplacement et avec les matériaux provenant de l'ancien manoir, la mairie et la maison d'école.

III° GÉNÉALOGIE

La généalogie de la maison Desgrées fut composée en 1758, en même temps que celles des Belloüan, des Avril, des le Doüarain, des Coüesplan et des la Fresnais, par Colomban, comte Desgrée du Loû, le futur Président de l'Ordre de la Noblesse aux Etats de 1768 et de 1772. Ces manuscrits existent aux archives des Desgrées (1) et des Mouësan de la Villirouët.

Celui qui renferme la généalogie de la famille Desgrées comprend trente pages petit in-folio, dont les treize premières sont consacrées à prouver les attaches des Desgrées à la Maison ducale de Bretagne.

Considérant que ce travail présente un réel intérêt, nous le citons intégralement :

Alliances de la Maison Desgrées avec les souverains de Bretagne.

« Conan, duc de Bretagne (de 988 à 992), eut quatre
« enfants : Geoffroy, Juhaël, Judicaël et Judith qui
« épousa Richard II duc de Normandie (2).

« Geoffroy, duc de Bretagne (de 992 à 1008) épousa

(1) La plus grande partie des archives de la famille Desgrées sont actuellement entre les mains du comte Roger Desgrées du Loû ; il y a cependant aux Archives de Vannes, série E, dix liasses contenant des actes, concernant les seigneuries du Loû et de Lesné, et plusieurs mémoires du comte Colomban Desgrées, relatifs aux États de Bretagne.

(2) *Histoire de Bretagne*, de d'Argentré, t III, p. 164 et suiv.

« Havoyse, fille de Richard I duc de Normandie, et « sœur cadette d'Emma, qui épousa Adred, roi d'An- « gleterre, et de N...... qui épousa Odon, Comte de « Blois (1). Il eut : Alain, duc de Bretagne (de 1008 « à 1040 ; Eudon, qui suit ; et Adèle, en faveur de « laquelle le duc Alain fonda vers1028 l'Abbaye Saint- « Georges de Rennes dont elle fut Abbesse (2).

« Eudon de Bretagne fut comte de Penthièvre, et eut pour fils : Etienne, dont le troisième fils, Henry, lui succéda.

« Cet Henry eut deux fils : l'aîné, Eudes II, fut « comte de Porhoët ; le second, Henry, comte de « Penthièvre, épousa Mathilde de Vendosme, dont « il eut : Alain comte de Penthièvre, qui eut: Henry, « qui épousa Jeanne d'Harcourt, fille du comte d'Har- « court, de Normandie ; quoique Henry se titra comte « de Penthièvre, il n'en eut cependant pas la jouis- « sance, ce comté ayant été réuni au duché. Mais « il eut la baronnie d'Avaugour, qui en était un dé- « membrement, et fut chef de cette illustre maison (2).

« Dupas et plusieurs autres ont donné la généa- « logie des barons d'Avaugour. L'on peut voir « dans ces auteurs les alliances de cette maison avec « tous les souverains et les principales maisons de « l'Europe ; nous ne commencerons donc qu'à :

« Henry III, baron d'Avaugour, qui eut de Mar- « guerite de Valois, de la branche de Mayenne : « Alain II, baron d'Avaugour, qui suit, et Juhaël « d'Avaugour sgr de Kergrois (4), qui suivra :

(1) *Histoire de Bretagne* de d'Argentré, t. III, p. 165 et suiv.
(2) *Id.* p. 167 et suiv.
(3) *Id.* t. I, 78.
(4) *Id.* t. V, 287.

Branche de Bretagne-Avaugour.

« Alain II, baron d'Avaugour, eut de Marguerite « de Beaumont :

« Henry II, baron d'Avaugour, comte de Goëllo, qui « eut :

« Jeanne d'Avaugour, comtesse de Goëllo et ba- « ronne d'Avaugour, qui épousa (1318) Guy de Bre- « tagne, comte de Penthièvre, fils puîné du duc Artur « et frère du duc Jean III (1). Ils eurent : Jeanne de « Penthièvre, qui épousa (1339) Charles de Châtillon, « comte de Blois (2) ; une de leurs filles épousa Louis, « duc d'Anjou, roi de Sicile et de Jérusalem, et frère « du roi de France ; et l'autre fille épousa Charles, « prince d'Espagne, connétable de France (3). Louis, « duc d'Anjou, eut pour petite-fille, Yolande, qui « épousa Frédéric de Lorraine, comte de Vaudemont, « d'où sont descendus tous les princes de Lorraine « d'aujourd'hui.

« La postérité de Jeanne de Penthièvre et de « Charles de Blois manqua dans leur arrière petite- « fille, Nicole de Blois, qui épousa Jean de Brosses « vicomte de Boussac et de Bridiers, qui devint par « ce mariage comte de Penthièvre et d'Avaugour. « Une de leurs filles, Paule de Brosses, épousa Jean, « duc de Brabant et comte de Nevers (4) ; la seconde, « Ysabeau de Brosses, dite de Bretagne, épousa (vers « 1495) Jean de Rieux, maréchal de France (5), dont :

(1) *Histoire de Bretagne*, de d'Argentré, t. IV, 268.
(2) *Id.*, 272.
(3) *Id.* t. V, 359.
(4) *Id.* t. XII, 698.
(5) *Id.* t. XII, 819.

« Claude de Rieux, qui épousa Catherine, héritière « de Laval, et eut : Madeleine de Rieux, qui épousa « (1547) François de Coligny, frère de l'amiral, de « Châtillon de Coligny, seigneur Dandelot, colonel des « bandes Françaises, et dont la postérité s'éteignit « dans la maison de la Trimoille (en 1605) ; les des- « cendants mâles de Jean de Brosses et de Nicole « de Blois portèrent le surnom de Bretagne et furent « ducs d'Etampes , le dernier n'eùt qu'une fille, « Charlotte de Brosses, qui épousa Sébastien de « Luxembourg, prince de Martigues, dont : Marie « de Luxembourg, duchesse de Penthièvre, qui « épousa (1575) Emmanuel de Lorraine, duc de « Mercœur, si connu comme chef de la Ligue « en Bretagne, et qui eût Françoise de Lorraine, « laquelle épousa César, duc de Vendôme, fils naturel « de Henri IV et de Gabrielle d'Estrées, duchesse de Beaufort.

Branche des d'Avaugour, seigneurs de Kergrois.

« Juhaël d'Avaugour, seigneur de Kergrois, fils « puîné de Henry III et de Marguerite de Valois, de « la branche de Mayenne, épousa (vers 1280) Cathe- « rine de Léon, issue du sang de Bretagne, dont il « eut :

« Louis d'Avaugour, sgr de Kergrois, qui épousa « Anne de Malestroit, et eut : Guillaume, qui suit ; « et Simone, qui épousa Jean le *Séneschal*, sgr de « Kercado.

« Guillaume d'Avaugour, sgr de Kergrois, rendit « aveu à la Chambre des Comptes le 28 mai 1411 « comme juveigneur des souverains de Bretagne et

« déclara tenir la terre de Kergrois en juveigneurie « d'aîné des vicomtes de Rohan. Il épousa Jeanne de « Lesnerac, dont il eut :

« Blanche d'Avaugour, dame de Kergrois, qui « épousa : 1° Olivier de Maûny, Comte de Thieville, « dont elle n'eut pas de postérité ; 2° (vers 1430) *Jean* « *de Belloüan*, sgr de Vay, à la condition que l'aîné « des fils relèverait le nom et les armes des d'Avau- « gour. Ils eurent, entre autres :

« Louis d'Avaugour, sgr de Kergrois, qui épousa « Blanche de la Tour-Landry, fille de Louis, baron « de la Tour-Landry, mort en 1498, lequel était fils « de Ponthus, baron de la Tour-Landry, (frère de « Jeanne de la Tour-Landry épouse de Bertrand de « Beauveau, baron de Persigny, Grand-Maître de « Sicile et Sénéchal d'Anjou, dont : Antoine de Beau- « veau, baron de Persigny, qui eut entre autres : « Marguerite de Beauveau, femme de Gilles de Cou- « vrant, baron de Sacé, dont la petite-fille fut ma- « riée à Jacques Budes, sgr du Hirel, lequel eut « pour petits-fils : Yves Budes, baron de Sacé, et « Jean-Baptiste Budes, Comte de Guébriand, Maré- « chal de France). Ponthus, Comte de la Tour-Landry, « était fils de Charles, baron de la Tour-Landry, sgr « de Bourmont et de Clairvaux, mort en 1415, fils « lui-même de Georges, baron de la Tour-Landry, et « de Jeanne de Rougé, dame de Cornouailles, fille de « Bonabes de Rougé de Derval, vicomte de la Guerche « et chambellan du roi. Blanche de la Tour-Landry, « épouse de Louis d'Avaugour de Kergrois, était « sœur puînée de 1° Françoise de la Tour-Landry qui « épousa Hardoin de Maillé, baron de Châteauroux, « vicomte de Brosses, sgr de la Roche-Corbon, qui

« s'obligea par son contrat de mariage à relever le « nom et les armes de la Tour-Landry, et c'est de « lui que sont descendus les comtes de la Tourlan- « dry d'à-présent ; et de 2° Marguerite de la Tour- « Landry, qui épousa René de Bourré, sgr de Janzé, « dont la postérité s'éteignit en la maison du Plessis- « des-Roches-Péchemel, de la province de Touraine, « dont l'aîné s'appelait le marquis de Janzé pendant « la minorité de Louis XIV. (1)

« Louis d'Avaugour, baron de Kergrois, eut de « Blanche de la Tour-Landry :

« Grégoire d'Avaugour, sgr de Kergrois, qui eut « de Jeanne de Lindren : 1° René, qui épousa Renée « de Plouër, dont : Charles, qui n'eut qu'une fille, « qui porta la seigneurie de Kergrois à Gabriel de « Machecoul, sgr de Vieillevigne, et Louis, qui forma « la branche des d'Avaugour, seigneurs du Bois de « Kergrois, qui existe encore : 2° Julien, qui suit :

« Julien d'Avaugour, sgr de Tromeur, épousa (vers « 1510) Anne de Sainte-Flaive, dame de Saint-Lau- « rent en Anjou, dont : 1° Robert, sgr de Saint- « Laurent, qui épousa sa parente, (1545) Bonne de « Belloüan, dame du Bois-de-la-Motte, et eut Jean « d'Avaugour, sgr de Saint-Laurent, qui épousa Fran- « çoise de Coëtquen, fut gouverneur de Dinan et gé- « néral du duc de Mercœur pendant la Ligue, et dont « la postérité s'éteignit en Jean d'Avaugour, mar- « quis du Bois-de-la-Motte, mort en 1665 ; 2° Claude, « qui suit :

« Claude d'Avaugour, sgr de Saint-Lau, épousa « Françoise le Prestre, dame de la Lohière, fille de

(1) *Généalogie de la maison Budes de Guébriand*, par Le Laboureur.

« Jean, sgr de la Lohière, et de Jeanne du Quengo, « et petite-fille de Jean le Prestre sgr de la Lohière « ambassadeur vers le roi d'Angleterre en 1488.

« Jean le Prestre, père de madame d'Avaugour, « avait un frère cadet qui épousa Jacquette de Coët- « logon, dame de Lézonnet, et qui a formé la branche « des sgr^s de Châteaugiron ; Jean le Prestre leur fils, « sgr de Lézonnet, fut chevalier de l'ordre du Roi et « gouverneur de Conq, et eut : Jean le Prestre, sgr « de Lézonnet, gouverneur de Concarneau et lieute- « nant du roi dans l'Evêché de Cornouaille.

« Claude d'Avaugour et Françoise le Prestre « eurent : 1° Robert d'Avaugour, qui forma la branche « des sgrs de la Lohière, et eut François, baron de la « Lohière, qui signa au contrat de mariage de son « cousin, Jean Desgrées, sgr du Lou et de Lesné, le « 8 mai 1659 ; 2° Gillette qui suit :

« Gillette d'Avaugour épousa : 1° Grégoire de Tré- « cesson ; 2° (1575) Pierre Avril sgr du Lou, qui mou- « rut au Lou, le 9 juin 1583, et qui laissa en bas âge « autre Pierre Avril, sgr du Lou, qui suit, et dont la « tutelle fut faite en la juridiction de Gaël le 2 août « 1585 et se composa de : Jean Avril, sgr de Couësbo, « et de Jean Avril, sgr de la Grée, son fils, maître des « Requêtes, oncle et cousin du mineur ; René du « Cambout, beau-frère du défunt : Pierre de Bréhault, « sgr de la Rivière et de Malleville, chevalier de « l'ordre du roi, oncle du mineur : Gaydon le Pennec; « sgr du Boisjolan et du Rudeux, neveu à la mode de « Bretagne du père du mineur : et Pierre Picaud, sgr « de Morgan et de Quéheon (1) ; 3° Pierre de Trogoff,

(1) Archives de la maison Desgrées.

« sgr de Pontevein, des Fontenelles, du Poulgu, du « Val-Campel, issu des barons de Lanvaux, dont un « cadet épousa l'héritière de Trogoff et en prit le nom « en gardant les armes des Lanvaux. Gillette d'A- « vaugour eut de ce troisième mariage : Jeanne de « Trogoff, dame des Fontenelles mariée au Lou, en « Saint-Léry le 1er juin 1605, à Mathurin de Rosma- « dec, baron de Saint-Jouan et de Gaël, sgr du Roz « d'Illyfaut, dont: 1° Mathurin de Rosmadec, baron « de Gaël, chevalier de l'ordre du Roi, qui mourut « sans hoirs et donna voix comme oncle à l'émanci- « pation de Jean Desgrées, passée en la juridiction « de Bécherel le 7 mai 1655, signée Guichart (1); 2° Sé- « bastien de Rosmadec, baron de Comper, tué au « service du Roi ; 3° Charles de Rosmadec, qui fut « Evêque de Vannes, et donna voix comme oncle, à « l'émancipation de Jean Desgrées ; 4° Péronnelle de « Rosmadec mariée (1629) à Prégent le Ny, baron de « Coatelez, dont : Mathurin le Ny, marquis de Coate- « lez, qui, avec le baron de Gaël, son oncle, donne « sa voix à la tutelle de Jean-Mathurin Desgrées, « sgr du Lou, faite le 4 septembre 1665 par la juri- « diction de Mauron et signée Jean Morin, greffier (2) ; « il eut trois fils, morts sans postérité, et une fille qui « épousa M. de Salis, colonel suisse, dont elle n'eut « pas d'enfant ; 5° Madeleine de Rosmadec, qui épousa « Jean François du Gouray, baron de la Coste, lieu- « tenant du roi en Basse-Bretagne, dont deux filles : « 1° Sainte du Gouray, qui épousa Louis de Bréhan, « comte de Plélo, dont elle n'eut pas d'enfant ; « 2° Madeleine du Gouray, qui épousa Joseph An-

(1) Archives de la Maison Desgrées.
(2) *Id.*

« drault, comte de Langeron, auquel elle porta le « marquisat de la Coste et la lieutenance de Roi en « Basse-Bretagne : il fut lieutenant général des ar- « mées navales en 1680, et eut : Louis, comte de Lan- « geron, lieutenant du Roi en Basse-Bretagne et lieute- « nant-général aujourd'hui (nommé en 1744).

« Pierre II Avril, fils unique de Pierre I et de Gillette « d'Avaugour, fut sgr du Loû, de Couësbis et autres « lieux ; après être resté quelque temps sous la tutelle « du sgr de Morgand (Pierre Picaud), celui-ci s'en « fit décharger à cause des troubles de la Ligue, et « le sgr de Trogoff, son beau-père, se chargea de la « tutelle, suivant l'avis de Françoise le Prestre, dame « de la *Lohière*, ayeule du mineur, de Judes de Saint- « Pern, sgr de Ligouyer, chevalier de l'ordre du Roi, « de Laurent de la Bourdonnaye, sgr dudit lieu, de « Charles de la Lande, sgr du Mirouër, de Jean « Guilloux, sgr de la Lardais, et de Gaydon le Pennec, « sgr du Boisjollan, gouverneur du château de la Bre- « tesche, parents du sgr du Loû: vérifié par une signi- « fication du 24 juillet 1591, signée Loufget, et par sen- « tence du Présidial de Rennes du 31 juillet 1591 (1).

« Pierre II Avril servit longtemps le roi avec dis- « tinction ; étant encore jeune il fut fait prisonnier « par le sieur de Boishus, qui portait les armes pour « la Ligue, dans un combat livré dans l'Evêché Saint- « Brieuc, au mois d'octobre 1590 ; il fut transféré au « château de Lamballe où il resta près de deux mois, « car on exigeait de lui une rançon exhorbitante ; « mais son oncle, Monsieur d'Avaugour de Saint- « Laurent, qui était général du duc de Mercœur, obli-

(1) Archives de la Maison Desgrées

« gea le sieur de Boishus à recevoir une rançon rai-
« sonnable : ce fait est prouvé par le compte de tutelle
« rendu par Monsieur de Trogoff le 19 février 1619,
« signé Gapais (1).

« Pierre II Avril, sgr du Loû, épousa, à Bréhan-
« Loudéac, le 24 mai 1605, par contrat de mariage
« en date du 1er mai 1605 au rapport de Jean Bonet
« notaire de Ploërmel (2), Jeanne de Bréhant, douarière
« du Boisjagu et dame de Glécouët et de Coëtuhan,
« veuve de François, sgr du Boisjagu en Mauron,
« dont elle avait eu : Marguerite du Boisjagu, mariée
« (1630) à François de Guéhenneuc, sgr de la Roncière
« qui eut pour fils : Charles, duquel descendent
« Messieurs de Guéhenneuc du Glécouët ; comme il est
« prouvé par une transaction du 14 mars 1665, au
« rapport de Morin, notaire de Mauron, entre Jean VI,
« Desgrées et la dame de la Roncière (Marie Bousse-
« mal), veuve de Charles de Guéhenneuc et tutrice
« de leurs enfants (3).

« Jeanne de Bréhant, devenue dame du Loû, était
« fille aînée, héritière principale et noble de Bertrand
« de Bréhant, sgr de Glécouët et de Coëtuhan, et de
« Marguerite de Coëtlogon : Bertrand de Bréhant
« était fils de Jean de Bréhant, sgr de Glécouët et de
« Coëtuhan, et de Marguerite de Pennemarc'h ; Jean
« de Brehant était fils de Alain de Bréhant, sgr de
« Glécouët, qui avait épousé en 1450 Aliette de
« Coëtuhan héritière du sire de Coëtuhan ; Alain de
« Bréhant était le cinquième descendant d'autre Alain
« de Bréhant, qui forma la branche de Glécouët et qui

(1) Titres de la Maison Desgrées.
(2) *Id.*
(3) *Id.*

« en 1288 fut un des arbitres entre Alain de Rohan « son cousin, et Hervé de Léon (1) ; Marguerite de « Coëtlogon était fille de Julien de Coëtlogon et de « Jeanne le Rouge, dame de la Lande et deKerbério ; « Julien de Coëtlogon était fils de Geoffroy de Coëtlo- « gon et d'Anne de Coëtmen, sœur puînée d'autre « Anne de Coëtmen, vicomtesse de Tonquédec, mariée « au sire d'Acigné, et filles toutes deux de Jean, baron « de Coëtmen, et de Jeanne, fille du baron du Pont. « Geoffroy de Coëtlogon était fils de Jean de Coëtlo- « gon et de Jeanne de la Soraye, sœur puînée de Pé- « rounelle de la Soraye, femme de Jean de Males- « troit, sgr d'Uzel. Marguerite de Coëtlogon, épouse « de Bertrand de Bréhant, avait un frère aîné, Fran- « çois de Coëtlogon (qui avait épousé en 1555 Gillette « de Coëtquen, dont les marquis de Coëtlogon, vi- « comtes de Méjuneaume, et les seigneurs de Ker- « berio, fondus en Trogoff en 1748) ; et deux sœurs « également aînées : Françoise de Coëtlogon, mariée « en 1555 à François de Cahideuc, seigneur du dit « lieu, d'où descendent Messieurs de Cahideuc du « Bois de la Motte ; et Louise de Coëtlogon, qui « épousa (1559)-Jean le Forestier, sgr de Kerhuys, « capitaine des gentilshommes de l'évêché de Saint- « Malo.

« Pierre II Avril, seigneur du Loû, (mort vers « 1619) laissa de son mariage avec Jeanne de Bréhant « deux filles, Gillette et Marie, qui restèrent mineures « et sous la tutelle de leur mère.

« Gillette Avril dame du Loû épousa (vers 1627).

(1) Vérifié par les preuves que le seigneur de Bréhant, vicomte de Lisle, a faites à la dernière réformation, et par son arrêt de noblesse des 4 et 10 novembre 1680.

« Jean de Coscat seigneur de Tymadeuc, de Harlay « et de la Touche, dont elle n'eut pas d'enfants ;

« Marie Avril, sa sœur, épousa (vers 1631) Jean V « Desgrées, chef de nom et d'armes, fils unique de « Nicolas Desgrées, chevalier, seigneur de Lesné, de « la Vallée, de la Noë, de la Galliotais, et de Charlotte « d'Angoulevent, dame de la Gripponnière, auquel « elle porta toutes les alliances précédentes. »

Après avoir écrit cette note sur les alliances des Desgrées avec la Maison souveraine de Bretagne, le comte Desgrées-du-Loû commence la

Généalogie proprement dite de la famille Desgrées (1) :

« La Maison **Desgrées** a toujours été seule de ce « nom en Bretagne : c'est une des plus anciennes de « la province ; et elle a des alliances avec les prin- « cipales maisons de la Bretagne et avec les premières « de France. Plusieurs prétendent qu'elle descend « d'un **Sire Desgrées, baron Ecossais**, dont le « descendant de l'aîné qui était resté en Ecosse vint « en ambassade en 1444 auprès du duc de Bretagne. « D'autres soutiennent qu'elle tire son origine de « **Jean Desgrées** qui fut un des généraux que Henry « III, roi d'Angleterre, envoya en 1234 au secours « de Pierre, dit Mauclerc, duc de Bretagne. »

Nous ne savons que penser de cette tradition : on trouve des de Gray, ou de Gréz, en Ecosse dès

(1) Dans cette généalogie qui suit nous mettons entre guillemets tous les passages extraits du manuscrit du comte Desgrées

le XIIe siècle : un **Anguetil** ou **Henry de Gray**, fut l'un des compagnons de Guillaume le Conquérant à la conquête de l'Angleterre en 1066 (1) ; **Gray, chevalier Anglais**, fut fait prisonnier au siège de Dol en 1173 (2) ; **Richard de Gray, général du roi d'Angleterre**, fut envoyé par celui-ci au secours du duc Pierre Maucler en 1234 (3) ; **Reynal, sire de Gray, baron Ecossais**, ratifia le traité d'alliance conclu à Nantes le 1er mars 1373 entre le duc de Bretagne et le roi d'Angleterre (4) ; et un **Sire de Gréz, chevalier Ecossais**, fut envoyé en 1445 par le roi d'Ecosse à Nantes près du duc de Bretagne, qui lui donna à cette occasion six tasses et deux pots en argent (5).

Quoi qu'il en soit nous trouvons des Desgrées en Bretagne depuis le milieu du XIVe siècle :

I
Marin DESGRÉES

I. — Marin des Grées, dit aussi Macé « ou Marent, « **écuyer**, attaché au Connétable du Guesclin par « l'estime et par le sang, il suivit toujours son sort « et il abandonna même avec lui le service du duc « de Bretagne pour passer pendant quelques temps « à celui du roi de France ». Il parut comme **écuyer** à la Montre de Jean de Beaumanoir, à Saint-Lô, le 1er février 1369, où il est dit : Macé de Gréz (6). Il assista également, comme écuyer sous les ordres

(1) *Liste des compagnons de Guillaume le Conquérant*, Bibliothèque Nationale, 4, t. 2, 1872.

(2) *Histoire de Bretagne*, de dom Morice, t. I. 992.

(3) *Preuves de l'Histoire de Bretagne*, de dom Morice, t. I. 882.

(4) *Id.* t. II. 241.

(5) *Histoire de Bretagne*, t. II. 9, *Preuves de l'Histoire de Bretagne*, t. II. 1395. Et extraits des comptes de Guyon de Carné, trésorier du duc de Bretagne.

(6) *Preuves de l'Histoire de Bretagne*, t. I. 1637

de du Guesclin, « au siège de Brest, comme il est « prouvé par la montre de Guillaume, châtelain de « Beauvais, du 1er juin 1375, où il est dit « Marent « Desgrées (1) ».

« Il eut pour fils :

II. — Berthieu Desgrées, écuyer, sgr de la Touraille, de la Villerio, de la Noë.

II
Berthieu DESGRÉES

Il était seigneur de la Touraille en 1385, « il eut trois « garçons, Jean, Laurent et Geffroy. Voyant, vers « 1420, que Jean, son fils aîné, était mort ne laissant « qu'une fille, Jeanne, il fit plusieurs acquêts au « nom de ses cadets pour les avantager, et pour sou- « tenir, disait-il, la noblesse de leur sang. C'est ainsi « qu'il acheta la Villerio en Augan, et la Noë en Guer, « où il parut R. 1426.

Il mourut vers 1436 ; et « après sa mort sa petite- « fille, Jeanne, se plaignit amèrement des avantages « qui avaient été faits à ses oncles à son préjudice ; et, « après les avoir plaidés longtemps, elle passa le « 2 décembre 1439 une transaction avec eux, signée : « de Belloüan, passe, et de Proudu, passe (2) ; et c'est « dans cet acte qu'on voit ce qu'on vient de dire ».

Berthieu Desgrées avait eu :

1° Jean I Desgrées, mort vers 1420, ne laissant qu'une fille **Jeanne Desgrées**, qui épousa Jean Allain (3) ; elle mourut sans postérité en 1440, et ses oncles en héritèrent collatéralement :

ALLAIN : *« d'or à dix losanges de gueules »*

2° Laurent, qui suit :

3° Geffroy Desgrées, écuyer, sgr de la Villerio

(1) *Preuves de l'Histoire de Bretagne*, t. II. 65.

(2) « Passe » signifiait « vu par » a « passé sous les yeux de M. !! » qui certifie la solidité de l'acte qu'il signe.

(3) Comme le prouve un acte passé avec son oncle Geoffroy Desgrées en 1439.

« qui, lors de la Réformation des fiefs nobles en 1440, « prouva avec son frère, Laurent, une noblesse d'an- « cienne extraction ; et, lors de l'énumération des « fiefs dans la paroisse d'Augan, faite en 1453, l'on « déclara que la Villerio appartenait à Geffroy Des- « grées dont la noblesse était de tous temps immémo- « riale : voilà des preuves des plus authentiques qui « constatent l'ancienneté et la grandeur de la mai- « son Desgrées ».

Geoffroy Desgrées parut bien à la Villerio, en Augan aux Réformations de 1448 et de 1454 : mais sans que la déclaration à laquelle le comte Desgrées fait allusion y soit consignée. Nous y lisons en effet : R. 1440 : « Geffroy Des Grées a son hostel de la Villeriou » ; et R. 1454 : « Geffroy Des Grées, noble homme, à la Villeriou qu'il manœuvre par valet » (1).

De Belloüan : *de sable à l'aigle éployée d'argent.*

« Geffroy Desgrées, seigneur de la Villerio, épousa « *Aliette de Belloüan,* issue d'une des bonnes et il- « lustres maisons de la province », fille de *Pierre de Belloüan, écuyer, sgr du Bois-du-Loup* en Augan, et de *Marguerite de Comenan,* laquelle était fille de Maurice de Comenan, sgr de Bovrel, et de Mahaud de Montfort-Gaël ; et sœur de Jean de Bellouan, seigneur de Vay, qui épousa Blanche d'Avaugour.

Drian : *d'azur à trois étoiles d'or.*

Geffroy Desgrées mourut vers 1478, ayant eu :

Gombert : *de gueules à la fasce d'argent, chargée d'un croissant, et accompagnée en chef de trois merlettes et en pointe de trois mouchetures d'hermines.*

« **A. Jean II Desgrées, écuyer, sgr de la Ville- « rio, de Brambro** », qui épousa : 1° en 1453 *demoiselle Drian,* ou Dréan, *dame de Brambro,* 2° *Jeanne Gombert, dame de Malleville,* en Ploërmel, qui mourut à la Villerio, et fut inhumée le 16 août 1495 dans l'église d'Augan, par permission de Guillaume de Belloüan,

(1) Réformation de l'évêché de Saint-Malo, Augan ; actes de 1439, 1476 et 1478.

sgr de la Villefier (1). « Jean II Desgrées vivait encore « en 1497 ; il n'avait eu qu'une fille, Jeannette ; ce qui se vérifie par un acte du 2 février 1476, signé : Buynart (2). Cette **Jeannette Desgrées, dame de la Villerio et de Bambro**, épousa : 1°, vers 1480, *François du Boisguéhenneuc, sgr du Cleyo,* issu d'une maison ancienne, fils de Alain, sgr du Cleyo, et de Marie-Guillemette de Brignac, auquel elle porta la Villerio, et dont elle eut, entre autres : Jean du Boisguéhenneuc, sgr du Cleyo, R. 1513, « de la Villerio, où il parut lors de l'énumération « des fiefs nobles en la paroisse d'Augan, fait en « 1536, où il est dit que la « maison de la Villerio « appartient au seigneur de Boisguéhenneuc, à cause « de dame Jeannette Desgrées, sa mère » (3). Jean de Boisguéhenneuc épousa Catherine du Houx, et sa postérité s'est perpétuée jusqu'à nos jours. Jeannette Desgrées, dame de la Villerio, épousa en secondes noces *Guillaume Henri, sgr du Quengo*, en Rohan, issu d'une ancienne famille bretonne, avec lequel elle parut à la Villerio et à Brambro, sous Augan, à la Réformation de 1513 : « Guillaume Henry et sa femme tiennent la maison et métairie de la Villeriou et celle de Brambro, et y sont plusieurs rotures adjointes » (4). Elle ne semble pas avoir eu d'enfants de ce second mariage.

DU BOISGUÉHENNEUC : *d'argent à l'aigle éployée de sable.*

HENRY : *de gueules à trois épées d'argent en pal, les pointes en bas.*

(1) Registres paroissiaux d'Augan.

(2) Titres de la Maison Desgrées.

(3) Réformation de l'évêché de Saint-Malo, Augan.

(4) En souvenir de ce mariage de Jeannette Desgrées avec François de Boisguéhenneuc, on voit encore au-dessus de la cheminée de la grande salle de l'ancien château du Cleyo (actuellement bâtiment de dépendances) un écusson en granit qui porte en relief les armoiries des Brignac, Desgrées, du Houx et de Castellan, et sur le tout celles des Boisguéhenneuc.

De la Fresnaye: *d'argent à trois branches de frêne de sinople.*

« **B. Jeanne Desgrées**, qui épouse *Pierre de la « Fresnaye, sgr de la Fresnaye* en Réminiac, fils de « Grégoire de la Fresnaye, d'une noblesse d'ancienne « extraction bretonne. Ils eurent entre autres : Gré- « goire II de la Fresnaye, seigneur dudit lieu, chef « de cette maison, qui a de grandes alliances. Ce « mariage est prouvé par un acte de partage, signé « Languer, passe, fait le 7 octobre 1515 entre Gré- « goire de la Fresnaye et Jeannette Desgrées, sa cou- « sine, fille de Jean Desgrées » (1). La famille de la Fresnaye s'est éteinte en 1763, fondue en Charbonneau, le Doüarain de Lemo et Larcher de la Touraille.

III Laurent Desgrées, époux de demoiselle Dréan : *d'azur à trois étoiles d'or, 2, 1.*

III. — Laurent Desgrées, écuyer, chef de nom et d'armes, sgr de la Touraille.

Il hérita collatéralement de sa nièce, Jeanne Desgrées, en 1441.

Il épousa *demoiselle Dréan,* ou Drian, fille de Guillaume, co-seigneur de la Touraille et de Brambro.

Il parut à la Touraille, sous Augan, à la Réformation de 1440 : « Rolland Desgrées, noble », et à celle de 1448, avec son fils, Jean, « Laurent Desgrées a son hostel de la Touraille et Jean Desgrées à son hostel de la Touraille, y a un métayer « (2).

Il mourut en 1453, « ayant eu pour fils unique :

IV Jean II Desgrées, époux de Guillemette Guillaume : *de gueules au lion d'argent couronné d'or.*

« **IV. — Jean II Desgrées, chevalier, chef de « nom et d'armes, seigneur de la Touraillé, « puis de la Ville-Marie** et **de Botquidé ; capi- « taine du duc de Bretagne** en 1470.

« Il porta longtemps les armes pour son Prince, « comme il se vérifie par deux extraits de la Chambre des comptes de l'an 1483, signés : Picaud.

(1) Titres de la Maison Desgrées.
(2) Réformation de l'évêché de Saint-Malo, Augan.

« Après le décès de son père, il rendit, le 22 no-
« vembre 1453, aveu pour la terre de la Touraille à
« la seigneurie de Malestroit, comme héritier princi-
« pal et noble de Laurent Desgrées, son père ; cet
« aveu est signé : Trévégat passe (1). »

Il avait paru à la Touraille, avec son père ; R 1448 et il y reparut R. 1454 ; « Jean Desgrées a le manoir de la Touraille à cause de son père ; et un autre manoir de même nom à cause de sa mère » (2).

Il avait aussi un hôtel à Rennes, dans la rue Saint-Georges, où il demeurait en 1465.

Il semble avoir acheté vers 1480 la Ville-Marie, en Ruffiac, des Mainbier.

Il passa des actes en 1492 et 1499 avec Galbaut Chauczon, sgr de Lemo, relativement au pont de la Touraille sur l'Oyon, afin que la retenue d'eau de ce pont ne pût nuire à la pêcherie et au moulin que le seigneur de Lemo venait d'établir au lieu dit précédemment le Pont de Lemo.

Il épousa *Guillemette Guillaume dame Bolquidé*, en Monteneuf, fille de Pierre, sgr de Boquidé R. 1442.

Il eut trois fils :

1° **Guillaume II**, qui suit :

2° **François-Vincent Desgrées, seigneur de la Ville-Marie,** qui épousa la belle-sœur de son frère aîné, Vincente-Françoise de Trieux, dont il eut un fils et une fille : François et Guyonne :

A. **François Desgrées, sgr de la Villemarie,** qui passe en 1556 et 1558 actes avec son cousin Guillaume Desgrées, auquel il céda ses droits sur la Tou-

(1) Titres de la Maison Desgrées.

(2) Réformation de l'évêché de Saint-Malo, Augan.

raille et Botquidé (1). Il eut : **Pierre Desgrées, sgr de la Villemarie,** qui épouse *Julienne de la Planche* ; il vivait à la Villemarie en 1609, 1610, 1618 et 1628 ; il n'eut pas de postérité.

De la Planche : *de gueules à dix billettes d'or. 4. 2. 4.*

B. Guyonne Desgrées, qui épousa *Henry de Lys*, et était morte avant l'acte de 1556.

De Lys : *de gueules à la fasce d'argent, chargée de quatre hermines de sable et surmontée de deux fleurs de lys d'argent.*

3° Jean Desgrées, second vicaire d'Augan, (sub-curé) en 1505.

V

Guillaume II Desgrées, époux d'Aliénette de Trieux : *d'argent à trois besants de sable.*

« **V. — Guillaume II Desgrées, chevalier, chef « de nom et d'armes, seigneur de la Touraille, « de Brambro, de Botquidé.**

« Il rendit aveu le 16 mai 1506 de la terre de la « Touraille comme héritier principal et noble de Jean « Desgrées, son père. Il parut à la Touraille et à « Botquidé, sous Guer et Augan, à la Réformation « de 1513 : « Guillaume des Grées a la Touraille, « noble d'ancienneté » ; « La maison de Botquidé à « Guillaume des Grées, quelle maison fut au feu père « de Guillaume ; ce Jean des Grées, père de Guil- « laume, l'a formée. » (2)

Il mourut en 1514.

« Il avait épousé, vers 1506, *Aliénette de Trieux*, « *d*[e] *de Trieux*, en Augan, dernière d'une maison aussi « illustre qu'ancienne, qui fournit deux chambellans « et cinq écuyers aux ducs de Bretagne. » Cette famille dont le nom patronymique était « le Normant », posséda, en Augan, Trieux et la Villefief, et s'allia aux Comenan, en 1360, aux Bellouan en 1402, aux d'Espinay en 1447. Aliénette de Trieux était fille de Ni-

(1) Titres de la Maison Desgrées.

(2) Réformation de l'évêché de Saint-Malo.

colas, sgr de la Porte, conseiller et écuyer du duc. Elle fit aveu pour la Touraille, étant alors veuve, le 28 Juin 1514.

Guillaume II Desgrées eut deux fils :

1° **Prégent**, ou **Jean III**, qui suit :

2° **François III Desgrées, prêtre, Prieur de Bréal-sous-Montfort, recteur de Lassy**, du 8 novembre 1535, à sa mort, le 10 août 1555 ; il eut pour successeur à Lassy son neveu, Grégoire Desgrées (1)

3° **Guillaume III Desgrées, sgr de Botquidé**, en 1556 et 1558.

VI
Prégent
DESGRÉES,
époux de
Jeanne de
JERGUY :
d'argent à la fasce de gueules, acc. de trois feuilles de houx de sinople.

VI. — **Prégent, ou Jean III, Desgrées, chevalier, chef de nom et d'armes, sgr de la Touraille, de Brambro, de Botquidé**, puis **de Jerguy et du Gaffre**.

« Lors de la Réformation des louages de la paroisse « d'Augan, faite en 1536, il fut déclaré que les prédé- « cesseurs de Prégent étaient nobles de temps immé- « morial et qu'ils possédaient de grandes richesses ».

Il parut comme écuyer à la Montre des gentilshommes de l'évêché de Saint-Malo passée à Lesneven le 21 août 1543 par le capitaine Raoul Tizon, sgr de la Villedeneu ; il y est dit « Jeh. Desgrées » (2).

« Il épousa vers 1530 *Jeanne de Jerguy*, héritière « d'une maison ancienne, dont le nom patronymique « était *Veizin* ; elle était fille de Nicolas, sgr de Jerguy « et du Gaffre, conseiller du duc de Bretagne, et elle

(1) *Pouillé de l'archevêché de Rennes*, par l'abbé Guillotin de Corson.

(2) *Preuves de l'Histoire de Bretagne*, t. III, 1050.

« apporta à son mari les terres de Jerguy (ou Guer-« guy) et du Gaffre ».

Il mourut en 1578, ayant eu :

1° **Julien,** qui suit ;

2° **Grégoire Desgrées de la Touraille, prêtre Prieur de Bréal et Recteur de Lassy**, à la mort de son oncle, François Desgrées en 1551. Il occupa ce poste, jusqu'en 1567 (1).

VII
Julien
Desgrées,
époux de
Marie de
Quéjau :
d'argent à trois roses de gueules, 2, 2.

VII. — Julien Desgrées, chevalier, chef de nom et d'armes, sgr de la Touraille, de Brambro, de Botquidé, de Jerguy, du Gaffre ; puis **de Quéjau, de Lesné, du Hino ; Capitaine Royaliste sous la Ligue**.

« Né vers 1533, il parut à Dinan le 7 mars 1569 au « rôle des Gentilhommes de l'Evêché de Saint-Malo ; il y est dit Julien Desgrées, sieur de la Touraille (2). « Il rendit aveu à la Chambre des Comptes, le 21 jan-« vier 1579, comme héritier principal et noble de Jean « Desgrées et de dame Jeanne de Jerguy, ses père et « mère : acte signé le Chast, notaire royal (3).

« Il épousa, en 1560, *Marie de Quéjau, dame de Quéjau,* « *de Lesné et du Hino*, fille de Maurice, Sgr. de Quéjau, « et d'Aliette de Belloüan, et qui lui apporta ces « seigneuries. Cette dame était héritière d'une très « ancienne maison des mieux alliée : Guillaume, sire « de Quéjau et de Lesné, avait épousé Aliette de Tré-« cesson, qui, à la mort de son mari, rendit en 1422 « un aveu à la chambre des Comptes sous le ressort « de Ploërmel, comme tutrice de Jean de Quéjau, son

(1) *Pouillé de l'archevêché de Rennes.*

(2) *Preuves de l'Histoire de Bretagne*, t. III, 1360.

(3) Titres de la Maison Desgrées.

« fils ; ce Jean de Quéjau eut entre autres : Jacques « de Quéjau, sgr de Quéjau, qui vivait en 1450 et « épousa Marguerite d'Illifaut, des mieux alliée de la « province, dont : Maurice de Quéjau, sgr de Quéjau, « et Guillemette de Quéjau, qui épousa en 1502 Jean « le Doüarain, sgr du Cambrigot, du Chesnoran, de « la Tieulaye, ce qui se vérifie par un partage du « 10 mai 1519, signé Angier, passe, et Barbier, passe, « fait entre le dit Maurice, sgr de Quéjau, et la dite « dame du Cambrigot (1) ; Maurice de Quéjau épousa « Aliette de Belloüan, vérifié par un aveu rendu « après sa mort, le 3 juin 1538 à la seigneurie de « Gaël pour rachat de la terre de Lesné, signé le « Chast (2) ; il eut entre autres (3), Guillaume de Qué-« jau, sgr de Quéjau, vérifié par acte du 3 novembre « 1569 au rapport de Picaud et Robillard, notaires « royaux (4), lequel fut le dernier de son nom, et épousa « demoiselle de Couëtus, fille de Robert, sgr de la Vallée, « et de Marguerite du Plessis, ce qui est vérifié par « l'aveu du 21 janvier 1579, signé le Chast, notaire royal, « que Julien Desgrées et Marie, dame de Quéjau et « de Lesné, rendirent à la chambre des Comptes (5). « Marguerite du Plessis, femme de Robert de Couëtus, « sgr de la Vallée, de Saint-Jouan et du Boisjagu, « était fille de Jean, sgr du Plessis-Mauron, et de « Bertranne Bestanc, fille de Jean de Bestanc et de

(1) Titres de la Maison le Doüarain de Lemo.

(2) Titres de la Maison Desgrées.

(3) Maurice de Quéjau eut d'Aliette de Belloüan : 1° Guillaume, mort sans postérité de demoiselle de Couëtus ; 2° Marie, qui épousa Julien Desgrées ; 3° Isabeau, qui épousa Julien des Salles, et eut : Gillette des Salles, vivant en 1589.

(4) Titres de la Maison Desgrées.

(5) *Ibid.*

« Raoulette de Plumaugat, tous deux d'ancienne « maison ; elle était encore petite-fille de Jean du « Plessis, chevalier, sgr du dit lieu, qui avait épousé « en 1371 Jeanne de Saint-Gilles, d'une des meilleures « maisons de la province, et arrière-petite-fille de « Jean du Plessis, sgr du dit lieu, qui épousa en 1335 « Raoulette de Montfort, fille de Raoul, sire de « Montfort, issu des anciens souverains de Bretagne.

« La maison de Montfort, connue dans les derniers « siècles sous le nom de comtes de Laval, a pris plu- « sieurs alliances avec l'auguste maison de Bourbon « et avec celles d'Albret, de Rohan, de Coligny, de « Rieux, de la Trimoille et plusieurs autres.

« La maison du Plessis est également très ancienne « et illustre ; la branche aînée s'est éteinte dans la « maison de Bréhant-Plélo ; la seconde branche sub- « siste encore dans les marquis du Plessis de Gréne- « dan.

Cette alliance rattacha donc la famille Desgrées au sang ducal de Bretagne et aux plus illustres maisons de l'Europe.

Lors des troubles de la Ligue, la plupart des gentilshommes du pays de Ploërmel restèrent fidèles au souverain auquel ils avaient baillé leur foi, sans renoncer en rien à leurs croyances religieuses. La guerre de la Ligue en effet ne fut pas en Bretagne une guerre de religion ; elle n'eut pas pour cause la conservation et la défense de la foi catholique, mais bien plutôt l'ambition du duc de Mercœur, qui voulait faire revivre en sa faveur l'indépendance du duché. Les ligueurs, souvent assez mauvais catholiques, ne furent que les partisans ou les dupes des desseins ambitieux de Mercœur ; tandis que les royaux, dont fort peu étaient huguenots, restaient les champions des droits de la couronne de France, à laquelle leur province s'était librement donnée; résolution qui chez eux fut encore affermie par les excès sans nombre auxquels se livrèrent dans les environs de Ploërmel les ligueurs et les Espagnols. Nous voyons en effet ceux-ci, sous les ordres de François Talhouët, gouverneur de Redon, piller et incendier de 1590 à 1595 les châteaux de la Touraille, de Jerguy, du Gaffre et de Botquidé, aux Desgrées : de l'Escoublière, aux Larcher ; de Baraton, aux Lemo ; de Couëtbo, aux Avril ; du Couédor, aux d'Acigné ; du Chesnoran et de la Tieulaye, aux Doüarain ; etc. Aussi, le 15 mars 1595 Jean-Marie le Doüarain se présenta au greffe du tribunal de Ploërmel et déclara publiquement « abhorrer le parti des Espagnols et vouloir mourir les armes à la main pour son prince et seigneur » (1).

Nous voyons dans les rangs des royaux presque tous les châtelains des environs de la Touraille : les Rogier, seigneurs de Quéheon ; les Buisnard, seigneurs de la Villevoisin, de Rohallaire et du Lobo ; les Trécesson, seigneurs de Trécesson et de Bernéan ; les Lezenet, seigneurs des Marchix ; les Boisguéhenneuc, seigneurs du Boisguéhenneuc et du Cleyo ; les Larcher, seigneurs de l'Escoublière ; les d'Acigné, seigneurs du Couédor ; les Marnière, seigneurs de la Biffardière ; les Guémadeuc, seigneurs de Beaurepaire ; les Perret, seigneurs des Croslais et du Pas-aux-Bisches ; les Lemo, seigneurs de Lemo et de Baraton ; les Volvire, seigneurs du Bois-de-la Roche et du Binio ; les Rosmadec, de Montauban, du Cahideuc, d'Andigné, de

(1) Archives du château de Lemo.

Kerveno, de Rieux, de Tournemine, de Busnel, de Bec-de-Lièvre, etc.

Les Desgrées eurent spécialement à souffrir des excès commis par les ligueurs, ainsi que le constate l'auteur de leur généalogie :

« Julien Desgrées et ses deux fils, Jean et Nicolas, « portèrent toujours les armes pour les rois Charles « IX, Henry III et Henry IV ; les ligueurs firent leur « possible pour les attirer dans leur parti tant à cause « de leur bravoure qu'à cause de la considération de « leur maison : mais les grands avantages qu'on leur « proposa ne purent ébranler leur fidélité. Leur refus « exaspéra les ligueurs, qui leur en marquèrent dans « la suite leur ressentiment. Jamais haine ne fut « poussée plus loin ; ils abattirent les maisons du « Gaffre, de Botquidé et de Gerguy, et partie de celle « de la Touraille, dont ils rasèrent encore les bois. « Les meubles qui y étaient furent pillés, et les ar- « chives brûlées ou enlevées.

« Ce serait ici le lieu de déplorer la perte que cette « maison fit alors dans le dépouillement de ses titres : « que de glorieux monuments furent ainsi enlevés à « la famille ! Cette perte fut en réalité si grande et « si sensible que Julien Desgrées, dont la santé était « déjà dérangée tant par les fatigues de la guerre que « par son âge, ne put y résister. Cet infortuné seigneur « en fut si pénétré qu'il tomba dans une langueur, qui, « après dix ans de souffrance, le conduisit au tom- « beau. Ses fils après l'avoir emmené dans la capitale « de la province, continuèrent à servir leur roi.

« Le vicomte Jean Desgrées porta son zèle pour « son souverain jusqu'à faire pour son service des « dépenses excessives, qui l'obligèrent dans la suite

« à vendre plusieurs terres, sa prodigalité lui valut « même le surnom de Prodigue, et engagea le seigneur « de la Porte (Charles Choüart), son beau-frère, à le faire « interdire : il obtint un ordre du roi pour gérer ses « biens. Le vicomte, indigné d'un pareil procédé, fit, « par l'avis de sa famille, une démission à son frère, le « chevalier Nicolas Desgrées, par acte signé : Bon-« nier, sénéchal du Présidial de Rennes » (1).

Julien Desgrées mourut à Rennes, dans son hôtel de la rue Saint-Georges, au commencement de juin 1611, âgé de soixante-dix-sept ans. Ses fils le ramenèrent à Quéjau, et le firent inhumer le 8 juin dans l'église de Campénéac, en la chapelle et enfeu de la seigneurie de Quéjau (2).

Julien Desgrées eut de Marie de Quéjau sept enfants :

1° Jean IV Desgrées, dit « **le vicomte Desgrées, sgr de la Touraille, de Quéjau, de Lesné, du Hino, de Jerguy, du Gaffre, de Botquidé ; capitaine royaliste sous ligue** surnommé « **le Prodigue** » ; né en 1562, il servit avec son père et son frère, Nicolas, dans les rangs des Royaux ; et, comme nous l'avons dit ci-dessus, ses châteaux ayant été détruits par les ligueurs, et ayant fait des dépenses excessives pour le service du roi, il dut vendre en 1605 la Touraille, qui fut achetée par Jean le Doüarain, sgr du Cambrigo, lequel y demeurait en 1606. Et, comme il cherchait à vendre ses autres propriétés, son beau frère, Charles Choüart, seigneur de la Porte-Choüart, en Caro, essaya de le faire interdire et obtint des actes, datés

(1) Titres de la Maison Desgrées.
(2) Archives paroissiales de Campénéac.

en 1614 et de 1617, qui lui attribuaient la gestion de ses biens. Mais le vicomte, indigné de ce procédé, et voyant qu'il n'avait pas d'enfant, fit donation et démission de ses biens à son frère cadet, Nicolas dit le chevalier Desgrées, par acte passé au présidial de Rennes en 1621.

CHOUART : *de gueules à la bande d'argent, chargée de trois chouettes de sable et accostée de deux billettes d'or.*

Le vicomte Jean Desgrées avait épousé vers 1590 *Renée Chouart, fille de Raphaël, sgr de la Porte,* et d'Honorée Bréhart, et sœur de Charles Choüart, écuyer, sgr de la Porte, gentilhomme ordinaire de la Grande Fauconnerie du roi, qui épousa vers 1610, Ester du Guiny, nièce du vicomte Desgrées, veuve en 1644. Le vicomte Jean Desgrées mourut sans postérité le 14 janvier 1626, et fut inhumé le 16 dans le chanceau de l'église paroissiale d'Augan (1).

DU GUINY : *d'azur au croissant d'or.*

PÉAN DE PONTPHILY : *d'or à trois têtes de Maure de sable.*

2° Catherine Desgrées d^e du Hino, qui épousa : 1° à Caro en 1585, *Pierre du Guiny, sgr de la Biardais*, en Caro, *de la Garoulaye*, en Ploërmel, *de la Landè et de Bonaban*, fils de Jean, capitaine de Saint-Malo et de Françoise de Maure, fille elle-même de François comte de Maure, et de Hélène de Rohan. Veuve en 1598, elle épousa 2° en 1600, *François Péan, sgr de Pontphily*, en Pleurtuit, qui mourut veuf à Saint Briac en 1637. Catherine Desgrées avait eu : du 1er lit trois enfants : Ester du Guiny, baptisée à Caro en 1587, Jeanne, baptisée à Caro en 1589, et Jean, baptisé à Caro en 1591 ; et du second lit : Mathurine Péan de Pontphily, baptisée également à Caro le 6 mars 1601 (2). Ester du Guiny, de du Hino, de la Biardais, née en 1587, eut pour tuteur son ayeul, Julien Desgrées ; et

(1) Registres paroissiaux d'Augan.

(2) Registres paroissiaux de Caro.

épousa vers 1610 Charles Chouart, sgr de la Porte, beau-frère de son oncle, Jean, vicomte Desgrées ; elle vivait veuve à Caro en 1644, et eut postérité, fondue en la Houssaye en 1770.

3° **Charlotte**, née à Quéjau, baptisée à Campénéac le 1er juin 1572 (1), morte sans alliance ;

4° **Nicolas**, qui suit :

5° **Jeanne-Marie Desgrées**, née à Quéjau, baptisée à Campénéac le 30 août 1574 (2), qui était épouse en 1501 de *Jean de la Motte, sgr de la Gaudelinaye*, en Saint-Malo-de-Phily ;

DE LA MOTTE : *d'argent au lion de sable cantonné de quatre merlettes de même et chargé sur l'épaule d'un écu fleurdelysé d'argent.*

6° **Françoise Desgrées de de Boquidé**, qui épousa à Augan, le 1 mai 1607, *Jean de la Ruée, écuyer, sgr de la Ruée, de la Vallière*, fils aîné de feu Guillaume et de Suzanne Marcadé (3). Il mourut à la Ruée, en Ruffiac, en 1644, le 11 juillet, laissant postérité qui s'est perpétuée jusqu'à nos jours aux châteaux de Castellan et du Pré-clos ;

DE LA RUÉE : *d'argent à trois branches de rue (chêne) de sinople.*

7° **Péronnelle Desgrées**, qui épousa : 1° à Saint-Martin-sur-Oûst vers 1603, *Raoul de Morzelles, écuyer, sgr de Trélan*, qui mourut à Trélan, et fut inhumé dans l'enfeu de cette seigneurie dans l'église de Saint-Martin, le 1er mai 1606 ; 2° à Saint-Martin-sur Oûst, vers 1610, *François de Sérent, écuyer, sgr de la Prévostais*, de l'illustre famille de ce nom, fils de François, chevalier, sgr de la Rivière, et de Simone du Hallay. Elle eut du 1er lit : Sébastien de Morzelles, et Jeanne de Morzelles, baptisés à Saint-Martin les 27 août 1604,

DE MORZELLES : *de gueules au croissant d'or.*

DE SÉRENT : *d'or à trois quintefeuilles de sable.*

(1) Registres paroissiaux de Campénéac.
(2) *Id.*
(3) Registres paroissiaux d'Augan.

et 8 juillet 1606 ; du 2e lit : Louis de Sérent, baptisé à Saint-Martin, le 20 janvier 1614 (1).

VIII
Nicolas DESGRÉES
époux de
Charlotte
D'ANGOULEVENT:
de sinople à la fasce d'hermines.

VIII°. — Nicolas Desgrées, chevalier chef de nom et d'armes, sgr de Lesné, de la Vallée, du Gaffre, de la Noë, puis **de Quéjau, de la Griponnière et de la Galliotais, capitaine royaliste sous la Ligue**, connu sous le nom de « **Chevalier Desgrées** ».

Né au château de Quéjau, il avait été baptisé à Campénéac le 18 août 1573 (2). Il servit, malgré son jeune âge, dans les rangs des Royaux, avec son père et son frère, lors des guerres de la Ligue ; devenu chef de nom et d'armes à la mort de son frère aîné, le vicomte Desgrées, en 1626, il hérita de lui de la seigneurie de Quéjau, qu'il vendit peu après aux Abillan.

« Il épousa, par contrat de mariage du 23 mars 1607,
« signé Lelong, notaire royal de Dinan, *Charlotte d'An-*
« *goulevent*, fille unique et héritière de *Julien d'An-*
« *goulevent*, et des *Louise le Forestier, sgr et dame d'An-*
« *goulevent, de la Griponnière et de la Galliotais*, en
« Yvignac.

« Il est rapporté dans le contrat de mariage que la
« maison Desgrées avait toujours suivi l'Assise du
« comte Geoffroy (spéciale aux partages nobles). et
« que sa noblesse était d'une extraction immémo-
« riale (3).

« La maison d'Angoulevent, juveigneurie des com-
« tes de Dinan ramage des Penthièvre, était l'une

(1) Registres paroissiaux de Saint-Martin-sur-Oûst.

(2) Registres paroissiaux de Campénéac.

(3) Titres de la Maison Desgrées : et réformation de 1669 avec arrêt de noblesse.

« des plus anciennes et des mieux alliées de la pro-
« vince. Les seigneurs de ce nom firent don, en 1255
« et 1282, aux Frères Prêcheurs Jacobins de Dinan
« de leur manoir d'Angoulevent, avec fuye, pourpris
« et dépendances, et fondèrent dans leur église une
« chapelle privée avec enfeu. Cette chapelle, située à
« gauche du bénitier en entrant dans l'église près de
« la grande porte du côté de la rue de l'Horloge, était
« la dernière du bas-côté et faisait corps avec lui.
« Lors de la prise de possession de cette chapelle,
« le 9 juin 1688, par Jean-Mathurin Desgrées, héritier
« des d'Angoulevent, elle est dite « située dans
« l'église des Dominicains de Dinan et fondée, en la
« nef, du côté gauche de la porte principale, par actes
« de 1255 et de 1282 ; sur l'autel, dédié à Saint-Pierre,
« est un tableau représentant Sainte-Marguerite et
« trois écussons armoriés « de sinople à une fasce
« d'hermines, au lambel à trois pendants » (d'An-
« goulevent) ».

« En 1769, d'après une lettre du 21 juin de
« M. Couppé de la Fougerais au comte Desgrées du
« Loû, « cette chapelle contenait un tombeau en
« pleine terre, armorié « de sinople à la fasce d'her-
« mines » ; dans le côtal étaient deux arcades voûtées ;
« la première n'avait ni tombe, ni écusson ; mais,
« dans la deuxième, était un tombeau, surmonté
« d'une statue en pierre, représentant un personnage
« vêtu d'une cotte d'armes, chargée des armoiries
« ci-dessus. Dans le vitrail, au-dessus de cette se-
« conde arcade, on voyait trois personnages age-
« nouillés et vêtus de sinople avec bande d'argent
« herminée à mi-corps, et, au-dessus des têtes de
« ces personnages, trois écussons aux armoiries sus-

« dites, et la date de 1280. Le P. Prieur m'a dit que « la tradition rapporte que ces trois personnages « sont trois frères d'Angoulevent inhumés dans cette « chapelle » (1).

« La maison d'Angoulevent a toujours été dans une « grande considération. Après l'association du 26 « avril 1369 la noblesse députa Etienne de Gouyon, « Rolland de Kersalio, Jean de Quélen et Berthelou « d'Angoulevent pour passer en Angleterre afin de « supplier le duc de Bretagne de revenir prendre pos- « session de ses états (2); et, lorsque ce prince fut « repassé en Bretagne, les maisons de Lanvalay de « Québriac et d'Angoulevent signèrent avec lui un « traité par lequel ces seigneurs s'obligeaient à le « maintenir dans sa souveraineté : preuve évidente « de la puissance et de la considération de ces familles. « En 1380, un Tristan d'Angoulevent fut écuyer « du duc Jean (3) ; et le 1er juin 1379 le Roi Charles « retint à son service Olivier d'Angoulevent avec un « chevalier et 8 écuyers de sa chambre, dont la montre « fut reçue à Bergerac (4).

« Louis le Forestier, mère de Charlotte d'Angoule- « vent, était elle-même fille de Vincent le Forestier « et de Françoise de Quélen, et petite-fille de Jean le « Forestier et de Hélène de Pontual (5). » Les Qué- len, anciens Bannerets de Bretagne, étaient un ramage de Poher, d'où sont également sortis les anciens ducs de Bretagne et les comtes de Porhoët.

(1) Titres de la Maison Desgrées.
(2) *Histoire de Bretagne* de Dom Morice, II, 218.
(3) *Histoire de Bretagne*, II, 775.
(4) *Id.*, I, 418.
(5) Arrêt de noblesse de la Maison le Forestier, du 29 octobre 1668.

Cette alliance rattacha donc, de nouveau, et de deux côtés différents, les Desgrées au sang ducal de Bretagne : Julien d'Angoulevent, père de Madame Desgrées, était lui-même fils de Pierre et de Françoise Labbé, sgr et d[e] de la Villeaubert, et avait un frère cadet, Claude d'Angoulevent, recteur de Pleurtuit, en 1580, mort en 1615, léguant à ses neveu et nièces Desgrées 50# de rentes, une métairie et 3000#.

Nicolas Desgrées fut séparé de biens avec sa femme dès 1609, deux ans après son mariage. Il demeura le plus souvent à Lesné, en Gaël, où il mourut en 1627.

Il avait eu six enfants :

1° **Jean V**, qui suit ;

2° **Mathurine Desgrées**, qui épousa vers 1638 *Jean Pasquier, écuyer, sgr de la Villeblanche et de la Ville-Etienne* en Guer, avec lequel elle demeurait en 1643 et 1665, sous Guer. La famille Pasquier, d'ancienne extraction de chevalerie bretonne, produisit un croisé en 1248. Jean Pasquier mourut en 1666 et fut inhumé le 6 octobre 1666 dans l'église de Monteneuf (1) ; sa postérité s'éteignit en 1768 fondue en Belloüan et la Bourdonnaye ;

PASQUIER : *d'argent à trois têtes de daim arrachées de sable.*

3° **Anne Desgrées**, qui épousa vers 1640 *Jean du Rocher, écuyer, sgr du Pargat et de Beauregard* en Plénée-Jugon ;

DU ROCHER : *d'azur à la bande d'argent accostée de deux molettes de même.*

4° **Henriette Desgrées, dame de la Noë**, qui épousa *Jean Testou, écuyer, sgr du Margat*, en Caulnes, veuf de Jeanne Hingant, et reçut **la Griponnière,** à la mort de son frère, Jean V, en 1635 ; elle mourut à Caulnes, le 1er janvier 1653.

TESTOU : *d'argent à trois têtes de Maure de sable.*

(1) Registres paroissiaux de Monteneuf.

Cèze : *d'argent au sauvage de sable armé d'une massue de sinople.*

5° Louise Desgrées, qui épousa vers 1650 *René Céze, écuyer, sgr du Boscher*, en Guer, dont : Jean Céze, sgr du Boscher, baptisé à Guer le 12 août 1658, qui y épousa le 17 février 1678 Jeanne Joliff, dont postérité (1) ;

Guillot : *de sable à la croix engreslée d'argent.*

6° Olivier Desgrées, qui épousa une *demoiselle Guillot*, qui demeurait, veuve à Ploërmel en 1681, avec sa fille : **Marie Desgrées.** (2)

IX Jean V Desgrées époux de Marie Avril : *d'argent au lion de sable.*

IX°. — Jean V Desgrées, chevalier, chef de nom et d'armes, seigneur de Lesné, de la Vallée, de la Noé, de la Galiotais, de la Griponnière.

Né en 1611, il n'avait que quinze ans lors de la mort de son « père, et il fut placé par sentence de la juri- « diction de Bécherel, du 11 septembre 1628, sous la « tutelle de Mathurin de Rosmadec, seigneur de Saint-Jouan, de Gaël, de Comper, baron de Gavre (3), son oncle, époux de Jeanne de Trogof.

« A peine sorti de tutelle, il épousa, en 1631, *Marie Avril*, fille cadette de *Pierre Avril, écuyer, sgr du Lou, de Kergo* et de *Jeanne de Bréhant* », et qui, comme nous l'avons dit ci dessus, était issue en 10e génération, par sa grand'mère, Gillette d'Avaugour, d'Henry comte de Penthièvre, descendant du duc de Bretagne, Conan I ; et se rattachait par sa mère, Jeanne de Bréhant, et sa grand'mère, Marguerite de Coëtlogon, à la famille souveraine de Bretagne.

Cette alliance unit donc encore une fois la maison Desgrées, de trois côtés différents, au sang ducal de Bretagne.

(1) Registres paroissiaux de Guer.
(2) Réformation du domaine Royal de Ploërmel.
(3) Titres de la Maison Desgrées.

Jean V Desgrées habita Lesné et la Griponnière. Il mourut dans cette dernière demeure et fut inhumé dans l'église d'Yvignac, le 26 mars 1635 (1).

Il laissait quatre enfants en bas âge, et sa veuve, alors enceinte, fut reconnue pour leur tutrice. Elle épousa en secondes noces, en 1640, Jean de la Rondoille, écuyer, sgr du Breil, qui autorisa sa femme à résilier la tutelle de Jean VI Desgrées, ainsi qu'il est prouvé par un acte de transaction passé entre le dit sgr du Breil et Jean III Desgrées, à Rennes, le 12 mai 1662 (2).

La mère de Madame Desgrées, née Marie Avril, Jeanne de Bréhant, dame de Glécouët et de Coëtuhan, avait épousé en premières noces François du Boisjagu, dont elle avait eu Marguerite du Boisjagu, dame du Coudray, de Lehuyer, épouse en 1620 de François de Guéhenneuc, sgr de la Roncière, laquelle partagea en 1658 la succession de leur grand'mère commune avec Marie Avril, dame Desgrées (3). « Celle-ci avait aussi une sœur aînée, Gillette Avril, « dame du Loû, qui avait épousé Jean du Coscat, sgr « de Tymadeuc, de Couesby, de la Touche, du Hallay, « et qui, étant veuve et sans enfant (4), adopta son « neveu Jean III Desgrées, auquel elle laissa sa for- « tune par son testament, à la date du 1er mars 1656, « au rapport de Clouët, notaire de Gaël. Elle avait,

(1) Registres paroissiaux d'Yvignac.

(2) Titres de la Maison Desgrées.

(3) François de Guéhenneuc eut, de Marguerite du Boisjagu, Jean, baptisé à Saint-Léry le 5 juillet 1622.

(4) Jean de Coscat mourut au Loû le 10 juin 1654; il avait eu deux enfants, nés au Loû et morts en bas âge : 1° Marie baptisée à Saint-Léry le 25 décembre 1636, 2° Laurent, baptisé le 10 avril 1644.

« antérieurement, par acte du 21 juillet 1639, partagé « sa sœur Marie Avril, sur l'avis de Mathurin de « Rosmadec, baron de Saint-Jouan, et de Gaël, et de « Jean de Marnière, seigneur de la Biffardière, leurs « proches parents, au rapport de Sebilot notaire de « Gaël » (1).

Jean V Desgrées eut de Marie Avril cinq enfants :

1° **Jean VI**, qui suit ;

PICAUD : *fretté d'argent et de gueules, au chef de même, chargé de trois trèfles d'or.*

2° **Jeanne Desgrées,** née en 1632, elle épousa : 1° le 11 mai 1655, dans la chapelle du château de Comper, appartenant à son tuteur, Mathurin de Rosmadec « *Henry-Pierre Picaud, écuyer, sgr de Morgand* « *et de Quéheon* en Ploërmel, fils puîné de Pierre, sgr « de Quéheon, et de Anne Rogier, d^e^ du Crévy. Le « contrat de ce mariage fut passé devant Guichart, « notaire de Bécherel le 6 mai 1655, d'après l'avis de : « Mathurin de Rosmadec, baron de Gaël et de Comper, « chevalier de l'ordre du Roi, grand-oncle de la fu- « ture épouse ; Charles de Rosmadec, évêque de « Vannes, fils de Mathurin, son oncle à la mode de « Bretagne ; Gillette Avril, dame douairière de Ty- « madeuc, sa tante ; Charles de Guéhenneuc, sgr de « la Roncière, son cousin germain ; Michel Henry, « sgr de Linten, son cousin germain ; Julien Erien, « sgr du Verger-Cousaye, parent au quart degré « et au tiers degré à cause de Jeanne de Bréhant, sa « femme ; et Nicolas et Grégoire le Doüarain, sgrs « du Cambrigo (2), parents au quart degré (3) ».

(1) Titres de la Maison Desgrées.

(2) Nicolas et Grégoire le Doüarain avaient pour trisayeule Guillemette de Quéjau ; et Nicolas avait épousé en 1691 Perrine Picaud de Morfouace.

(3) Titres de la Maison Desgrées.

Les nouveaux époux achetèrent, peu après leur mariage,la seigneurie de la Chesnaye-Ribart, en Gaël, où ils habitèrent.

« Henry Picaud mourut vers 1666, laissant un fils « Mathurin et une fille, Jeanne, alors mineurs, et « dont sa veuve fut instituée tutrice. Mais celle-ci, « ayant épousé en secondes noces 2° en 1670 *Jacques* « *Beschard, sgr de Villeneuve*, Pierre Picaud, sgr de « Quéheon fut institué tuteur. Il se pourvut contre « cette institution, et fit assigner en conséquence les « parents de Jeanne Desgrées, sa belle-sœur, savoir : « Monseigneur Charles de Rosmadec, évêque de « Vannes; Mathurin le Ny, sgr de Coëtlez ; René de « Coëtlogon, marquis du dit lieu ; Jean-François de « Cahideuc, marquis du bois de la Motte ; François « d'Andigné, sgr de la Châsse ; Jean de la Bour- « donnaye, sgr de Boisry, et Achille-Ferdinand de « Porcaro, seigneur du dit lieu, qui nommèrent en- « core tuteur le dit seigneur de Quéheon, par acte « passé en la cour de Ploërmel le 22 novembre 1670 et « contrôlé par un écrit du seigneur de Quéheon, pré- « senté au Parlement le 27 juillet 1671 signé : l'Es- « tang (1). »

BESCHARD : *d'azur à trois bèches d'argent.*

La Maison Picaud descendait de celle d'Hennebont, ramage de Lanvaux, par le mariage en 1260 d'Adelice d'Hennebont, fille unique de Geoffroy et de Catherine de Rohan, avec Eudes Picaud.

3° **Marguerite Desgrées**, née en 1633, mourut à l'âge de deux ans à la Griponnière, et fut inhumée dans l'église d'Yvignac le 11 avril 1635 (2) ;

(1) Titres de la Maison Desgrées.

(2) Registres paroissiaux d'Yvignac.

4° **Vincent Desgrées** né en janvier 1634, **prêtre, chapelain de la chapelle du château de la Mintière,** en Martigné-Ferchaud en 1663.

5° **Sébastien Desgrées, procureur fiscal des châtellenies de Carné et de Cohignac,** en 1683; né en 1635, après la mort de son père, il épousa à Pleucadeuc, vers 1657, *Perrine Vaugrenard,* avec laquelle il constitua en avril 1698 une rente de 10# en faveur de la confrérie du Saint-Rosaire en l'église de Questembert (1). Il eut deux enfants :

A. **Joseph-Claude Desgrées,** baptisé à Questembert le 5 août 1659.

B. **Françoise Desgrées,** qui épousa à Questembert le 30 janvier 1696 *Joseph Trégarot, Procureur au Présidial de Vannes.*

X
Jean VI, comte DESGRÉES DU LOU, époux de Anne JUDES : *d'or à quatre fasces entremeslées, deux d'azur et deux de contre-hermines.*

X°. — **Jean VI Desgrées, chevalier, chef de** « **nom et d'armes,** connu sous le nom du « COMTE « DESGRÉES », **seigneur du Loû, de Lesné de la** « **Vallée, de la Noë, de la Galliotais, de la** « **Motte, du Fresne.**

« Né en décembre 1634, il eut pour tuteur son oncle, « Mathurin de Rosmadec, baron de Gaël, chevalier « de l'ordre du Roi; et il fut émancipé, par acte passé « devant Guichart, notaire de la juridiction de Bé- « cherel, à la date du 7 mai 1655, d'après la demande « de Mathurin de Rosmadec et de Charles de Ros- « madec, évêque de Vannes.

« Il fut adopté par sa tante Gillette Avril, d[e] du « Loû, qui lui laissa sa fortune par testament en date « du 1er mars 1656, au rapport de Clouët, notaire de « Gaël ». Ce fut ainsi qu'il hérita du château du Loû,

(1) Registres paroissiaux de Questembert.

en Saint-Léry, où il vint demeurer et qui resta dans sa famille jusqu'en 1829. Ses descendants portèrent le nom de Desgrées du Loû.

« Il passa une transaction le 14 mars 1665, au rap- « port de Morin, notaire à Mauron, avec Marie Bous- « semal, veuve de Charles de Guéhenneuc de la Ron- « cière, sa mî-tante.

« Il partagea noblement, le 13 décembre 1658, la « succession de sa grand'mère, Jeanne de Bréhant.

Il épousa, à Rennes le 26 mai 1659, « suivant con- « trat passé à Rennes le 8 mai 1659, au rapport de « Chesnel notaire royal, et avec l'avis de François « d'Avaugour, baron de la Lohière, son cousin, de « Mathurin de Rosmadec, baron de Gaël, son oncle, « et de René de Coëtlogon, lieutenant-général de « Haute-Bretagne et gouverneur de Rennes, *Anne « Judes, d*[e] *du Bochet,* fille de *Guillaume, écuyer, sgr « du Bochet, de la Herbelinaye,* et de *Louise Bioret,* et « originaire de Carentoir. »

Ils demeurèrent au château du Loû et à leur hôtel à Rennes, rue Saint-Georges. C'est de cette dernière résidence qu'est daté le testament de Jean VI, comte Desgrées du Loû, le 28 juin 1666. Par cet acte « il de- « mande à être inhumé dans l'église des Pères « Carmes de Rennes auxquels il lègue 200# tournois « (environ 8,000#) ; il donne 300# à la paroisse de « Saint-Léry, 50# à celle de Gaël, 50# à celle de « Saint Georges de Rennes, et 70# pour les pauvres « honteux. Il laisse des souvenirs à sa sœur, Madame « de Morgand (Jeanne Desgrées, femme d'Henry « Picaud de Morgand), et il institue sa femme son « exécutrice testamentaire » (1).

(1) Titres de la Maison Desgrées.

Il mourut le 15 juillet 1665, et fut inhumé, suivant ses dernières volontés, le 17 juillet, dans la chapelle Notre-Dame de l'église des Pères Carmes de Rennes. Il n'avait que 31 ans (1).

Il laissait trois enfants mineurs, « dont la tutelle « fut confiée à leur mère par décision du conseil de « famille réuni au Loû. et au rapport de Morin, gref- « fier de la juridiction de Mauron. à la date du 12 sep- « tembre 1665. Les parents ci-après y donnèrent voix : « Mathurin de Rosmadec, chevalier. baron de Gaël. « Comper. Concoret, et autres lieux, parent au troi- « sième degré du mineur ; Mathurin le Ny, baron de « Coätelez, de Saint-Jouan et de la Chapelle, sgr de « Couëlan, parent du troisième au quatrième degré ; « René, marquis de Coëtlogon, baron de Pleugriffet, « châtelain de la Gaudinaye et de la Motte au Vicomte, « Lieutenant-Général pour le roi, en Haute-Bretagne, « et gouverneur de Rennes, parent au quatrième de- « gré ; messire Pierre le Doüarain, sgr de la Touraille, « de Beauvais. de la Roche, parent au quatrième de- « gré ; Messire Jean de la Bourdonnaye, sgr de Boisry, « parent au quatrième degré ; Messire Jean Lambart, « sgr du Boisrapé et de la Fonchais, parent au qua « trième degré, et, comme les précédents, dans l'estoc « paternel ; Messire Guillaume Geslin, sgr du Boisby, « mari de Françoise Judes, sœur de la mère des « mineurs, et dont la fille épousa Monsieur Renaud « de Sérent, sgr du Beausoleil, père de Joseph-Fran- « çois, comte de Sérent, sgr du Beausoleil, gouver- « neur de Rhuys en 1758 ; Messire Alain du Masle, « sgr du Boisbrassu et de Lorière, parent au quatrième

(1) Registres paroissiaux de Saint-Léry.

« degré ; Messire Guillaume Jaminaye, sgr de la Vil- « leneuve, mari de Anne Judes, tante de la mère du « mineur, et parent, comme les derniers, dans l'estoc « maternel (1).

« Madame Desgrées, tutrice de ses enfants, eut à « subir en 1666 un procès contre le sieur Jean Labbé, « sieur du Lino, qui obtint un arrêt du Conseil pour « informer des parents de la maison Desgrées devant « le Parlement. L'enquête se fit en conséquence le « 2 novembre 1666 devant l'*alloué* lieutenant-général « et criminel de Rennes, et est signée Cormier et « Guérin. Cette pièce prouve que Jean de Bréhant et « Maurille de Bréhant, son fils (2), étaient oncles à la « mode de Bretagne de Jean Desgrées : Messire Guy « de Lesrat, sgr de la Briotière, était oncle à la mode « de Bretagne du père du mineur ; le sgr de Coëtlogon, « conseiller, et frère du gouverneur, était cousin au « troisième degré du père du mineur ; Messire Guy « le Meneust, sgr de Bréquigny, Président, et Messire « René de la Porte, sgr d'Artois, dont la fille épousa « le Maréchal de Châteaurenaud (3), étaient parents « au troisième degré du père du mineur ; et le sgr de « Cahideuc, conseiller, le sgr d'Andigné de la Chasse, « et le sgr Marin de Moncan, comme gendre du sgr

(1) Titres de la Maison Desgrés.

(2) Ce Maurille de Bréhant, comte de Plélo, baron de Mauron, épousa Louise de Quélen, et eut pour petit-fils le fameux comte de Plélo, le héros de Dantzig, mort victime de sa bravoure au siège de cette ville, le 24 mai 1734, et dont la fille épousa le duc d'Aiguillon.

(3) Ce maréchal de Châteaurenaud, François-Louis Rousselet, marquis de Châteaurenaud, en Touraine, épousa en 1684 Marie-Anne-Renée de la Porte, dame d'Artois et de Crozon ; il fut créé Maréchal de France en 1703, et eut une petite fille qui épousa en 1746 le vice-amiral d'Estaing.

« de Coëtcandec (Julien de la Bourdonnaye) étaient « parents au quatrième degré ; enfin le Président de « Claye, (Jean Nicolas) était oncle à la mode de Bre- « tagne (1).

« Madame Desgrées du Loû, veuve de Jean VI Des- « grées, épousa en secondes noces, en 1667, *Pierre du* « *Bouëxic, chevalier, sgr de Launay*, dont elle eut : « Louis du Bouëxic, mort sans postérité. »

Elle avait eu du comte Jean VI Desgrées :

1° **Jean-Mathurin**, qui suit;

LABBÉ : *d'argent à quatre fusées de gueules rangées et accolées en fasce.*

2° **Louise-Renée-Françoise Desgrées**, qui épousa vers 1685 *Pierre Labbé, écuyer, sgr de Pontavice* ; elle fit son testament le 21 avril 1741, et mourut, veuve et sans enfant, à Rennes, dans la rue Vasselot ;

LE MÉLOREL : *de gueules à la fasce d'argent, chargée de trois abeilles de sable.*

3° **Jeanne Desgrées**, qui épousa *Jacques le Mélorel, sgr de Launay et du Brossay, secrétaire du roi et doyen des médecins de Rennes* en 1709, qui eut postérité et écartela, par suite de cette alliance, ses armes de celles des Desgrées.

XI
Jean-Mathurin, comte DESGRÉES du Loû, époux d'Anne-Marguerite HERVY ; 2° Suzanne de SAINT MALON : *d'argent à trois écureuils rampants de gueules.*

XI° — Jean-Mathurin Desgrées, chevalier, chef de nom et d'armes, seigneur du Loû, de Lesné de Kergo, de la Lande, de la Haye etc. ; connu sous le nom de **comte du Loû**.

Né en 1664, il fut baptisé à Saint-Léry le 30 août 1665, et eut pour parrain : Jean de Bréhant, chevalier baron de Mauron, seigneur de Gallinée ; et pour marraine : Marguerite de Rosmadec, épouse de Mathurin, de Rosmadec, baron de Gaël (2).

Il fut placé par acte du 12 septembre 1665 sous la

(1) Titres de la Maison Desgrées.
(2) Registres paroissiaux de Saint-Léry.

tutelle de sa mère, qui produisit pour lui lors de la Réformation de la Noblesse, à laquelle il fut maintenu, sous le ressort de Ploërmel, le 16 mars 1669, sur production des cinquante-trois pièces, dans sa noblesse d'extraction, avec onze générations nobles, et comme ayant pour neuvième ayeul Berthieu Desgrées, vivant seigneur de la Touraille en 1385. Cet arrêt fut décerné sur le rapport de M. de Lopriac.

Son beau-père, Pierre du Bouëxic, fit déclaration pour lui, à la Réformation du Domaine Royal de Ploërmel en 1680, de la seigneurie de la Lande, en Gaël, contenant quatre-vingts journaux de terres, et du moulin à eau et de l'étang de la Haye, également en Gaël.

Jean-Mathurin Desgrées prit possession, le 9 juin 1688, de la chapelle d'Angoulevent, dans l'église des dominicains de Dinan, comme héritier des d'Angoulevent, fondateurs de cette communanté en 1224.

Il acheta en 1702 le rôle du Vanferrier, en Mauron, de Claude Brunet, sgr de la Guichardais, époux d'Anne de France.

« Il épousa : 1° à Gaël, par contrat du 27 novembre « 1689, au rapport de Aaron, notaire de Mauron, en- « registré au greffe du présidial de Rennes le 3 février « 1690, *Anne-Marguerite Hervy, dame du Plessis*, fille « de feu *Jean sgr du Gravot et Plessis-au-Prévost*, en « Gaël, *ex-Procureur au Parlement*, *échevin de Rennes* « *et Prévost féodé de Gaël*, et de Marie Luette, d° de la « Sauvagère, sœur cadette de Françoise-Marie Hervy, « dame du Gravot, épouse de *Jean-Baptiste de Raci-* « *noux*, *écuyer*, *seigneur de la Hassardair*, *conseiller au* « *Parlement* dont, entre autres : 1° Georges de Raci- « noux, chevalier, sgr de la Hassardais, du Plessis,

« conseiller au Parlement et maître des requêtes, qui « n'eut pas d'enfant ; 2° Jean-Gilles de Racinoux, « écuyer, sgr de la Hassardais, qui servit longtemps « dans le régiment des Bombardiers, et qui fut ensuite « capitaine dans le régiment d'Orléans-Infanterie, « mort sans postérité le 12 décembre 1757 ; 3° Jean-« Baptiste-Marie-Louis de Racinoux, abbé de Raci-« noux, jésuite-prieur de Parigné, mort en 1764 ; « 4° Jacquemine de Racinoux morte sans alliance ; « 5° François-Gabrielle de Racinoux, qui entra dans « les cadets et fut tué dès sa première année de « service ; 6° Catherine de Racinoux, morte sans « alliance » (1).

« La comtesse Desgrées, Anne-Marguerite Hervy, « étant morte en 1721, son mari épousa en secondes « noces, dans la chapelle du château du Fresne, en « Caro, le 6 février 1723 (2), par contrat du dit jour au « rapport de Sorel, notaire royal de Ploërmel *Marie-« Suzanne de Saint-Malon* » fille de *Laurent-François, écuyer, sgr du Fresne*, et de *Françoise de la Corbinière*, et petite-fille de *Laurent-Olivier de Saint-Malon* et de *Suzanne Gault* laquelle était nièce du célèbre Jean-Baptiste Gault, évêque de Marseille, mort en odeur de sainteté en 1644, et dont on instruit actuellement le procès en béatification.

DE SAINT-MALON : *d'argent à trois écureuils rampants de gueules.*

Le comte du Loû mourut peu après ce second mariage, en 1726 ; sa veuve lui survécut jusqu'en 1771 ; Elle mourut au château du Loû et fut inhumée le 20 septembre 1771 dans la chapelle de ce manoir (3).

Jean-Mathurin Desgrées, comte du Loû, avait eu,

(1) Titres de la Maison Desgrées.

(2) Registres paroissiaux de Caro.

(3) Registres paroissiaux de Saint-Léry.

du premier mariage, deux fils et deux filles, et, du second mariage, un fils ; savoir, du premier lit :

1° **Jean-Hyacinthe Desgrées, chevalier du Loû, officier dans le régiment de la Marche,** puis **avocat et sénéchal de Ploërmel.** Né en 1691, il servit d'abord dans le régiment de la Marche-Prince ; puis il se fit recevoir avocat, et acheta le 28 septembre 1717, moyennant 44.400#, la charge de sénéchal de Ploërmel, des héritiers de François-Joseph de Sérent, mort en mars 1717, et qui occupait ce siège depuis 1702. Il reçut le brevet de cette charge le 24 janvier 1718. La sénéchaussée de Ploërmel était l'une des plus étendues de Bretagne, elle comprenait deux-cent-vingt-six paroisses, ou trêves, et les ducs en avaient fait, dès le XIIe siècle, le siège d'une des neuf baillies du duché. Jean-Hyacinthe Desgrées mourut en charge, en 1723, et fut inhumé, en grande pompe, le 20 novembre, dans l'église des P. Carmes de Ploërmel, sous la voûte, à droite en entrant (1). Il n'avait pas contracté d'alliance, et ce fut son frère, Bertrand, qui lui succéda sur son siège de sénéchal.

2° **Bertrand-Marie**, qui suit ;

3° **Marie-Madeleine Desgrées du Lou**, née en 1696, elle épouse dans la chapelle du château du Loû « le 30 juillet 1715, par contrat du 29 juillet 1715, « signé Geffroy notaire royal et apostolique du res- « sort de Ploërmel, *Thomas-François le Douärain, che- « valier sgr de Lemo, de la Tieulaye, etc*, « né au château de Lemo en Augan, le 19 novembre 1683, fils aîné de François, chevalier, sgr de Lemo, et de Charlotte de Couëssin de la Béraye. La maison des Doüarain

LE DOÜARAIN
d'azur au pal d'hermines.

(1) Registres paroissiaux de Ploërmel.

semble un ramage des Derien, issus des comtes de Vannes et de l'Argoët, et remonteraient à un Derien dit « Douasroëen » époux en 1292 d'Adelice Panthonath ; elle se rattachait à la maison souveraine de Bretagne par ses alliances avec les familles de Trécesson vers 1380, de Quéjau en 1501, Picaud en 1631, et de Derval en 1656. M. et Mme Thomas le Doüarain habitèrent leur château de Lemo, en Augan ; ils restaurèrent en cette paroisse la chapelle Saint-Malo, où l'on voit encore sur le retable du maître-autel l'écusson en alliance des Doüarain et des Desgrées ; écusson qui existait aussi sur le pilier du pilori de la haute-justice de Lemo, dans le bourg d'Augan. Madeleine Desgrées mourut à Lemo en 1743 et fut inhumée, le 17 juillet, dans le chœur de l'église paroissiale d'Augan (1). Son mari mourut également à Lemo et fut inhumé près de sa femme le 24 juin 1754 (2). Ils avaient eu six enfants : 1° Joseph-Jean-François le Doüarain, chevalier, seigneur de Lemo, qui épousa le 12 octobre 1744 Françoise-Anne-Charlotte de la Fresnaye, et eut, entre autres, Jean-Marie le Doüarain, chevalier, sgr de Lemo, qui eut, de Nicole Beaugeard, fille du dernier trésorier des Etats de Bretagne, Jacques-Marie comte le Doüarain de Lemo, qui épousa, comme nous le dirons plus loin, en 1798 Aglaée Desgrées du Loû ; 2° Pierre-Noël-Gabriel le Doüarain, chevalier de Lemo, sgr de la Tieulaye, capitaine d'infanterie, qui acheta la Touraille des Larcher en 1765, et n'eut d'Angélique Louvart de Pontigny que trois filles non mariées ; 3° Jeanne-Françoise le Doüarain de Lemo, qui épousa à Augan

(1) Registres paroissiaux d'Augan.
(2) *Ibidem*.

en 1739 Jean-Chrysostome Larcher, comte de la Touraille, mestre de camp de cavalerie, aide de camp du Prince de Condé ; 4° Marie-Madeleine le Doüarain de Lemo, qui épousa à Augan le 15 octobre 1745 Louis-Marie Bertrand de la Fresnaye, chevalier, sgr de la Villefief, frère aîné de Madame Lemo.

4° Louise Desgrées du Loû, religieuse ursuline à Rennes en 1715 et 1729.

Jean-Mathurin Desgrées, comte du Loû, eut de son second mariage avec Melle de Saint-Malon :

Alexandre-Auguste Jean Desgrés du Loû, chef de la branche cadette, qui suivra et qui devint branche aînée et unique en 1813.

XII
Bertrand-Marie, comte DESGRÉES DU LOU, époux de Julienne LE MALLIAUD.

XII°. — Bertrand-Marie Desgrées du Loû, chevalier, seigneur du Loû, de Lesné, chef de nom et d'armes, connu sous le nom de **comte Desgrées ; officier de Bombardiers**, puis **avocat et sénéchal de Ploërmel.**

« Né au château du Loû, il fut baptisé à Saint-Léry « le 23 octobre 1695 (1), suivant l'extrait, signé : Sal-« mon, recteur de cette paroisse. Il eut pour par-« rain, Bertrand de la Ruée, sgr du Pré-Clos, et pour « marraine, demoiselle Marie-Jeanne du Bouëxic. Il « prit le parti des armes et servit dans les Cadets, « puis dans le régiment des Bombardiers, dont son « oncle, le comte de la Roche, mort officier général, « était alors lieutenant-colonel.

« A la mort de son frère aîné, Jean Hyacinthe, le « 20 novembre 1723, il résolut de lui succéder dans sa « charge de sénéchal de Ploërmel ; dans ce but, il

(1) Registres paroissiaux de Saint-Léry.

« quitta l'armée, se fit recevoir bachelier en droit à « Rennes le 27 mai 1724, licencié le 10 juin 1724, avo- « cat le 15 juin 1724 (1), et vint alors occuper la place « de sénéchal du siège royal de Ploërmel, qui lu « avait été accordée par brevet du 10 mars 1724, et « qu'il conserva jusqu'en 1732, époque où il la vendit « à François Tuault de la Bouvrie.

« Il avait épousé à Vannes dans l'église Saint-Pa- « tern, le 23 août 1724 (2), *Julienne le Mâlliaud*, » *dame de Kerhoarno*, en Locminé, née à Vannes fille de *François, sgr de Kerhoarno, de la Chaussée, sénéchal de Locminé*, et de *Suzanne le Queux*, originaire de Guingamp ; et petite-fille de François, sgr de Kerhoarno, de Françoise Ruault. Après leur mariage, le comte et la comtesse Desgrées habitèrent tantôt le château du Loû, tantôt le manoir de Kerhoarno.

Le comte Bertrand Desgrées mourut au Loû en 1734 et fut inhumé, le 27 juin, dans la chapelle des Carmélites de Ploërmel (2, *nunc* chapelle des Ursulines.

Sa veuve lui survécut cinquante ans, elle mourut au Loû en 1784 et fut inhumé dans l'enfeu de cette seigneurie, en l'église de Saint-Léry, le 27 août (3).

Ils avaient eu quatre fils :

1° Jacques-Bertrand-Colomban Desgrées-du-Loû, comte Desgrées-du-Loû, président de l'Ordre de la Noblesse aux Etats de Bretagne de 1768 et de 1772, dont nous avons raconté la vie.

Né au Manoir de Kerhoarno, le 17 novembre 1725, il fut baptisé à Locminé le surlendemain (4), et eut

(1) Registres paroissiaux de Vannes et de Locminé.

(2) Registres paroissiaux de Ploërmel.

(3) Registres paroissiaux de Saint-Léry.

(4) Registres paroissiaux de Locminé (qui portent par erreur la date de 1724, au lieu de 1725).

pour parrain Messire Jacques, prêtre, recteur de Plumelin, et pour marraine, sa grand'mère, Suzanne le Queux. Il se destina d'abord à l'état ecclésiastique et fut même tonsuré le 10 septembre 1746; mais il quitta bientôt la soutane pour la toge, et fut reçu licencié et avocat à Rennes en 1748. Elu commissaire de l'évêché de Saint-Malo aux États de 1752, il occupa ce poste de confiance jusqu'en 1786. Il fut l'un des plus intrépides défenseurs des libertés bretonnes; et son attitude courageuse et indépendante, jointe à toutes les qualités de son caractère et de son esprit, lui mérita l'honneur d'être choisi comme président de l'Ordre de la Noblesse aux États tenus à Saint-Brieuc en 1768, pendant une absence du duc de Rohan, et pendant toute la tenue de ceux de Morlaix en 1772. Cette haute situation et son influence lui firent de nombreux ennemis, qui essayèrent de le faire passer pour concussionnaire; mais, après un duel avec le comte de Tremargat et un procès fameux avec le duc de Duras, il fut reconnu que sa vie entière avait été intègre et dévouée aux intérêts de sa province. Epuisé par toutes les fatigues que lui avait occasionnées son zèle pour son pays, il se retira des affaires politiques en 1784 et alla se fixer à son château du Loû, où il emporta avec lui dans sa retraite l'estime et le respect de tous ses concitoyens.

Il avait épousé, à Rennes, le 21 mai 1767, *Marie-Sainte du Hallay*, née en 1743, fille de *René Christophe, comte de Montmoron*, et de *Marie-Renée de Bizien du Lézard*; et petite-fille de *Emmanuel, marquis du Hallay*, et de *Marie-Renée de Sevigné, comtesse de Montmoron*. La famille du Hallay, d'ancienne extraction de chevalerie bretonne, était originaire du pays de Fou-

DU HALLAY : *fretté d'argent et de gueules.*

gères, où elle vivait dès le XIII siècle. Elle s'est alliée aux Couësmes vers 1290, de Montbourcher en 1313, Malor des Brieux vers 1408, de Porcon en 1470; Etienne du Hallay, chevalier de l'ordre du Roi, épousa en 1576 Gillonne de Coëtquen, fille et héritière de Jean V, marquis de Coëtquen, descendant des comtes de Dinan, et de Philippotte d'Acigné dame de Combourg, ramage des barons de Vitré (1) ; Emmanuel, Marquis Hallay, épousa en 1684 Marie-Renée de Sévigné, fille unique de Charles, comte de Montmoron, et de Marie Dreux de la Galissonnière, dont il eut : 1° Jean, marquis du Hallay, comte de Montmoron, qui épousa en 1764 Marie-Thérèse Guérin de la Rocheblanche, dont Emmannuel-Agathe, marquis du Hallay-Coëtquen, comte de Montmoron, mestre de camp de cavalerie, premier veneur du comte d'Artois, puis maréchal de camp et commandeur de l'ordre de Saint-Louis, mort en 1826, qui épousa Eléonore le Gendre de Berville et Elisabeth d'Andrée de Pilles, et eut deux fils, le marquis et le comte du Hallay-Coëtquen, qui vivaient encore en 1860 et ont pour héritiers les Poilly ; 2° René-Christophe du Hallay, comte du Hallay-Montmoron,

(1) La maison de Coëtquen remonte à Olivier de Dinan, sire de Coëtquen, vivant en 1190, fils de Guillaume et petit-fils de Raoul, comte de Dinan ; elle s'est alliée, entre autres, aux Tournemine, Beaumanoir, Rohan, de Noailles, Châteaubriand. En 1729, Louise-Françoise-Maclovie de Coëtquen, comtesse de Combourg, dernière du nom, fille de Malo-Auguste, marquis de Coëtquen, et de Marie-Céleste du Locquet de Grandville, épousa Emmanuel de Durfort, duc de Duras ; elle mourut veuve en 1802, et le nom de Coëtquen fut relevé par les du Hallay, suivant une des clauses du contrat de mariage, en date du 27 octobre 1576, entre Gillonne de Coëtquen et Etienne du Hallay, qui stipulait, qu'à la mort du dernier représentant des Coëquen ; leur nom serait repris par les descendants mâles d'Etienne du Hallay.

sgr de la Borderie et de Restier, qui épousa vers 1740 Marie-Renée-Emmanuelle de Bizien du Lézard, fille de Louis et de Jeanne de Kergrist ; il mourut en 1750, n'ayant eu que deux filles, la comtesse Colomban Desgrées du Loû, et Jeanne-Louise, demoiselle du Gouvray, qui épousa à Dinan, par contrat du 24 décembre 1757, Grégoire O'Byrne, fils de feu Jean et de Marie-Anne Caquely, né à Dublin, lieutenant au régiment de Berwick, et alors en garnison à Auray ; il était en 1778, capitaine au régiment de Berwick, chevalier de Saint-Louis, et demeurait à Dinan avec sa femme ; 3° Jeanne-Renée-Emmanuelle du Hallay de la Borderie qui épousa vers 1750 Claude, comte de Boisgeslin de Kerdu dont postérité ; 4° la comtesse de la Villemeneust.

La comtesse Colomban Desgrées du Loû, née du Hallay, mourut au château du Loû sans postérité, vers 1801. Son mari mourut également au Loû, le 28 avril 1813, âgé de 88 ans. et eut pour héritier son cousin-germain, dernier du nom, Jean-Marie-Jacques Desgrées du Loû alors âgé de trente-cinq ans.

2° **Jean-Marie-Bertrand**, qui suit ;

3° **César-Louis-Bertrand**, baptisé à Ploërmel le 15 février 1779, parrain : César, marquis de Coëtlogon ; marraine : Louise Charpentier, présidente de la Biochaye (2) ;

(1) Claude de Boisgeslin eut de Mademoiselle du Hallay, entre autres : Gilles, maréchal de camp, guillotiné en 1794 ; Pierre-Louis, chevalier de Malte, mort en 1814. Il avait pour cousin Louis-Bruno, comte de Boisgeslin, baron de la Roche-Bernard, président de la Noblesse aux Etats de Bretagne de 1778 et de 1780.

(2) Registres paroissiaux de Ploërmel.

4° **Gilles-Michel**, baptisé à Ploërmel le 17 décembre 1730, parrain ; Gilles Jean Préaudeau, avocat au Parlement de Paris, inspecteur général des domaines du roi en Bretagne ; marraine : Michel le Labbé, dame de la Rivière (1).

Ces deux derniers garçons moururent en bas-âge.

XIII
Jean-Marie-Bertrand, vicomte DESGRÉES DU LOÛ, époux d'Honorée DEYSSAUTIER.

XIIIe. — Jean-Marie-Bertrand Desgrées du Loû, vicomte Desgrées, seigneur de Lesné, puis de la Lande et de la Saulais ; lieutenant-colonel et chevalier de Saint-Louis.

Baptisé à Ploërmel le 6 février 1727, il embrassa la carrière militaire : et, grâce à l'influence de son parent, le comte de Volvire, qui commandait alors en Bretagne, il entra le 12 février 1744 comme lieutenant au bataillon de Redon ; et il fut nommé lieutenant des grenadiers royaux au même bataillon le 1er mars 1746, Il fit toutes les campagnes de la guerre de succession d'Autriche et assista aux sièges de Tournay, de Lécluze, de Gand, de Maëstrich, et aux combats de Fontenoy et de Raucoux. Il fut envoyé, le 25 février 1750, comme capitaine au bataillon de Rennes, dans lequel il servit durant toute la guerre de Sept Ans sur les côtés de Saintonge. Réformé à la paix en 1763, il fut nommé, en 1774, commandant du bataillon de Monsieur au régiment provincial de Bretagne ; puis, sur la demande des Etats, en octobre 1776, promu lieutenant-colonel à la Rochelle par brevet du 22 janvier 1779. Il mourut, dans cette ville et dans ce grade, chevalier de Saint-Louis, en 1781.

Il avait épousé, après la paix, en 1763, *Honorée-Anne-Bénigne Deyssautier, dame de Dampierre, de Montlieu et*

(1) Registres paroissiaux de Ploërmel.

de la Lande, en Moréac, où ils habitèrent, et où la comtesse Desgrées demeurait, veuve, en 1784.

Ils avaient eu deux fils :

1° **Jean-Marie Desgrées**, né à la Lande, baptisé à Moréac, le 25 février 1764, (1), mort sans alliance en 1782 ;

2° **René-Louis Desgrées, vicomte Desgrées, seigneur de la Lande, de Lesné** ; né à la Lande, il fut baptisé à Moréac, le 25 octobre 1766, et eut pour parrain son oncle, René-Maurice de Launay, époux de Pélasgie le Malliaud de Kerhoarno, et pour marraine sa grand'mère Julienne le Malliaud, comtesse Desgrées du Loû (2). Le mauvais état de sa santé fit négliger son éducation ; et il avait dix-neuf ans, quand, en 1784, son oncle, l'ex-président des Etats, sollicita en sa faveur une place à l'école de la Flèche, où étaient ses cousins le Doüarain. Il ne put être admis, ayant dépassé la limite d'âge, fixée à douze ans. Il épousa à Ploërmel vers 1794 *Marie-Joseph Fablet*, parente de M. Fablet, sieur de la Motte, lieutenant-général de police et maire de Rennes de 1780 à 1788. Ils habitèrent d'abord la ville de Ploërmel ; puis, en 1796, ils louèrent de leur oncle, Alexandre-Auguste Desgrées, le manoir de la Châteigneraye, en Campénéac, où le vicomte René-Louis Desgrées mourut sans postérité en 1801.

FABLET : *de gueules à la croix d'argent chargée de cinq hermines de sable ; au chef d'azur, charge de trois étoiles d'argent.*

(1) Registres paroissiaux de Moréac.

(2) Registres paroissiaux de Saint-Léry.

Branche cadette de la Maison Desgrées

devenue branche aînée en 1813.

Elle remonte à :

XII° Alexandre-Auguste Desgrées du Loû, époux de Guyonne Gaudin de la Bérillaye : *d'or au daim saillant de sable, une fasce en divise du même brochante.*

XII°. — Alexandre-Auguste-Jean Desgrées du Loû, dit le **« Chevalier Desgrées »**, **écuyer, sgr du Val, de la Châteigneraie**, puis **de L'Angle, de la Renaudaye, des Abbayes, de l'Hôtel-Neuf ; officier d'Infanterie.**

Fils unique du second mariage de Jean-Mathurin, comte Desgrées du Loû, et de Marie-Suzanne de Saint-Malon, il naquit au château du Loû et fut baptisé à Saint-Léry le 21 septembre 1725 ; il eut pour parrain Alexandre-Laurent-Marie du Bouëxic, sgr de Campel, et pour marraine Marguerite de la Haye, dame du Chesnay (1). Il était l'oncle propre du futur président des Etats de Bretagne.

Il fit, comme lieutenant au régiment de la Marche, toutes les campagnes de la guerre de succession d'Autriche, et il y reçut une blessure qui le fit réformer à la paix d'Aix-la-Chapelle, en 1748, à l'âge de vingt-deux ans.

Il épousa à Nantes en 1760 *Guyonne-Marie Gaudin de la Bérillaye, dame de l'Angle, de la Renaudaye, des Abbayes*, en Saint-Etienne de Montluc, *de l'Hôtel-Neuf*, en Caro, née en Sainte-Croix de Nantes en 1735, fille de *Jacques-Aubin Gaudin de la Bérillaye, lieutenant-colonel de Royal-Auvergne, chevalier de Saint-Louis* et de *Marie-Anne Luzeau des Berneries* ; et sœur de la comtesse Louise de Chevigné.

(1) Registres paroissiaux de Saint-Léry.

La famille Gaudin, originaire de l'évêché de Nantes, s'est alliée entre autres aux familles Guillard, Guillemin de Kermorguen, Graslin de Séréac, Le Loup de la Biliais; la famille Luzeau produisit un échevin de Nantes en 1587, et s'arme : « d'azur à deux fleurs de lys d'argent, accompagnées en chef de deux mouchetures de même ».

Le 15 novembre 1762, M. et Mme Desgrées achetèrent de la Province la seigneurie de la Châteigneraye, en Campénéac, qui avait été saisie en 1758 sur M. Emmerez de Charmoy, ex-receveur général des Consignations et payeur des gages des Officiers du Parlement de Bretagne. Ils vinrent se fixer dans cette propriété, qu'ils habitèrent jusqu'à la Révolution.

Alexandre-Auguste Desgrées assista à plusieurs tenues des Etats de Bretagne, entre autres à celles de 1764 et de 1784, durant lesquelles il demeurait chez son neveu, le comte Desgrées du Loû.

Lors de la Révolution, le père de Mme Desgrées, Jacques Gaudin de la Bérillaye, fut arrêté, le 12 avril 1793, à son château de l'Angle, et conduit à Nantes, où il fut guillotiné le 18 avril. Alexandre-Auguste Desgrées avait quitté la Châteigneraye, avec sa femme, ses filles, Aglaée et Catherine, et l'abbé Mahé, ancien précepteur de ses enfants, et était allé demeurer à Vannes dans l'hôtel Rosmadec, au bas des Lices. Il y fut arrêté avec sa femme et ses deux filles ; et emprisonné avec elles au Petit-Couvent. Ils furent transportés à Josselin, où ils furent internés dans le château. Délivrés par le 9 thermidor, 8 juillet 1795, ils revinrent habiter Vannes, et louèrent en 1796 leur propriété de la Châteigneraye, à leur petit-neveu, René-Louis, vicomte Desgrées du Loû, qui y mourut en 1801.

Alexandre-Auguste Desgrées mourut à Vannes le 30 juin 1800 ; et sa veuve alla alors se fixer à Nantes, où elle mourut en 1802.

Ils avaient eu six enfants :

1° **Jean-Marie Desgrées**, né au Val en 1762, il fut baptisé à Saint-Léry, le 12 avril, et eut pour parrain son cousin-germain, Jacques-Bertrand-Colomban, comte Desgrées, chevalier, seigneur du Loû ; et pour marraine, sa grand'mère, Marie-Suzanne de Saint Malon, comtesse douairière du Loû (1). Il mourut en bas âge ;

2° **Aglaée-Sophie-Marie-Victoire Desgrées, du Loû**, née à la Châteigneraye, elle fut baptisée à Campénéac en 1765. (2) Après avoir été emprisonnée, avec ses parents et sa sœur, au château de Josselin en 1795, elle épousa à Vannes, le 8 octobre 1798, son cousin, *Jacques-Marie-Joseph le Doüarain de Lemo, chevalier, chef de nom et d'armes, châtelain de Lemo*, en Augan, *ex-page du Roi, chef de bataillon à l'armée Catholique et Royale de Bretagne,* plus tard *lieutenant-colonel, chevalier de Saint-Louis et conseiller général du Morbihan,* né au château de Lemo, le 3 décembre 1773, fils aîné de Jean-Marie, chevalier, seigneur de Lemo, et de Marie-Marguerite-Perrine-Nicole Beaugeard, fille du dernier Trésorier des Etats de Bretagne ; Jean-Marie le Doüarain de Lemo était lui-même fils de Joseph-Jean-François le Doüarain de Lemo et de Charlotte de la Fresnaye, et petit-fils de Thomas-François le Doüarain de Lemo et de Marie-Madeleine

LE DOUARAIN : *d'azur au pal d'hermines.*

(1) Registres paroissiaux de Saint-Léry.

(2) Registres paroissiaux de Campénéac.

Desgrées du Loû (1). La comtesse le Doüarain de Lemo, née Aglaée Desgrées du Loû, mourut un an après son mariage, à Vannes, à la suite de ses couches, le 20 novembre 1799 ; elle laissait une fille : Aglaée-Marie-Auguste le Doüarain de Lemo, née à Vannes le 6 novembre 1799, qui fut élevée au château de Lemo par son père et ses tantes. Elle hérita à la mort de sa grand'mère, en 1802, des terres de la Renaudaye et des Abbayes, en Saint-Etienne-de-Montluc. Elle épousa dans l'église Saint-Sauveur de Rennes, le 28 avril 1824, Charlemagne Mouësan, comte de la Villirouët, né à Lamballe le 24 juin 1789, fils aîné de Jean-Baptiste-Mathurin, comte de la Villirouët, officier au régiment de Condé, plus tard chevalier de Saint-Louis, et de Victoire de Lambilly (2). A la mort de son père, le comte le Doüarain de Lemo, décédé à Lemo en 1832, la comtesse de la Villirouët hérita du château de la Touraille, qu'il avait acheté en 1820, et elle alla y demeurer. Puis, à la mort de la dernière de ses tantes, mademoiselle Marie-Louise le Doüarain de Lemo, le 11 mars 1872, elle reçut le château de Lemo. Elle mourut à Rennes, paroisse Saint-Melaine, le 8 décembre 1872 ; et son mari y mourut également le 26 juillet 1874. Ils furent inhumés dans le cimetière d'Augan.

Ils avaient eu trois enfants : 1° Maria Mouësan de la Villirouët, née à Rennes le 27 février 1825, morte sans alliance dans cette ville le 2 décembre 1889 ; 2° Aglaée Mouësan de la Villirouët, née à Rennes, le

(1) Pour la famille le Doüarain, voir ci-dessus, et la *Généalogie Mouësan de la Villirouët.*

(2) Voir *La Comtesse de la Villirouët, née de Lambilly. Une femme avocat*, par le comte de Bellevüe. Nantes, Grimaud, 1902.

6 janvier 1827, qui y épousa le 28 avril 1852, Edouard Fournier de Bellevüe, plus tard comte et marquis de Bellevüe ; elle reçut en 1874 le château de la Touraille où le marquis et la marquise de Bellevüe habitent actuellement. Ils ont eu huit enfants, dont quatre vivent encore : Xavier, comte de Bellevüe, capitaine de cavalerie territoriale, conseiller général de la Loire-Inférieure, époux de Gabrielle Regnault de Bouttemont ; Marie de Bellevüe, religieuse Augustine Hospitalière à Saint-Yves de Rennes ; Jean de Bellevüe, prêtre, chanoine directeur au grand séminaire de Vannes ; et Claire de Bellevüe, non mariée ; 3° Paul Mouësan, comte de la Villerouët, né à Rennes le 27 janvier 1829, qui reçut le château de Lemo en 1874, et a épousé en premières noces, le 9 octobre 1853, Angèle de Baglion de la Dufferie, et en secondes noces le 12 septembre 1859, Anne-Marie de la Ruë du Can, sa cousine ; il a deux filles : du premier lit : Angèle de la Villerouët, qui a épousé en 1886 son cousin Henry, vicomte de Baglion de la Dufferie, dont trois enfants : du second lit, Anne-Marie de la Villerouët, qui a épousé en 1895 Pierre Libault de la Chevasnerie, dont une fille ;

DONDEL : d'azur au porc épic d'or.

3° **Marie-Anne-Renée Desgrées du Loû**, née à la Châteigneraye, baptisée à Campénéac, le 5 mai 1767, qui eut pour parrain René-Joseph de Bégasson, sgr du Rox, et pour marraine Anne-Josèphe le Guennec, dame Rolland du Noday (1) ; elle épousa vers 1799 *Armand-Jean Dondel du Faouëdic* ; et, celui ci étant mort sans postérité peu après son mariage, elle se fit religieuse, et mourut le 21 mai 1806.

(1) Registres paroissiaux de Campénéac.

4° **Catherine-Anne-Marie-Josèphe Desgrées du Loû**, née à la Châteigneraye, elle fut baptisée à Campénéac le 10 juillet 1769 (1) ; elle épousa à Nantes en 1804 *Antoine Espivent de Perran, ex-capitaine de frégate, lieutenant-colonel à l'armée royale, chevalier de Saint-Louis*, fils d'Antoine-Guillaume, chevalier, sgr de Perran, et de Madeleine Tanguy. La famille des Espivent de Perran et de la Villeboisnet est originaire de l'évêché de Saint-Brieuc, où elle vivait dès le XIVe siècle ; elle vint se fixer dans l'évêché de Nantes au XVIIe siècle. Antoine Espivent de Perran avait émigré à l'armée des princes en 1791 et servi sous les ordres du comte d'Artois jusqu'en août 1795, époque à laquelle il parvint à débarquer en Bretagne, où il reçut le commandement, dans l'armée royaliste du vicomte de Scépeaux, de sept paroisses près de Nantes. Arrêté en 1796, il fut enfermé dans le fort de l'île d'Oleron, d'où il s'évada en 1800.

ESPIVENT : *d'azur à une molette d'or en abîme accompagnée de trois croissants du même.*

Il eut de Catherine Desgrées du Loû, entre autres (2) :

Louise-Marie-Antoinette Espivent de Perran, née à Nantes en 1806, qui y épousa vers 1831 *Octave, baron de la Ruë du Can, châtelain de Castel-Launay*, en Souvigné (Indre-et-Loire). Ils moururent au château de Castel-Launay ; lui, le 7 février 1888 ; elle, le 30 avril 1888, ayant eu :

1° *Antoine, baron de la Ruë du Can, châtelain de Castel-Launay et de la Filonnière*, né vers 1834, qui a épousé en 1868 Sophie Brossaud de Juigné, décédée

(1) Registres paroissiaux de Campénéac.

(2) Une autre fille, Anne-Marie-Louise Espivent, naquit à Nantes en 1808.

le 25 novembre 1894, ne laissant qu'une fille : *Antoinette de la Ruë du Can*, qui a épousé, en juillet 1891, *Raymond des Clos, comte de la Fonchais*, fils de *Roland, comte de la Fonchais, châtelain du Bois-du-Loup* en Augan et de *Blanche le Mintier de Lehellec* ; dont postérité ;

2° *Casimir baron de la Ruë du Can, officier d'infanterie démissionnaire, châtelain des Cartes*, en Sonzay (Indre-et-Loire), né à Nantes le 4 mars 1836, qui a épousé en 1866 Marie-Thérèse Quarré de Boiry, et a : *A. Anne-Marie de la Ruë du Can*, qui a épousé le *marquis de Vivès*, dont trois enfants ; *B. Casimir*, qui a épousé en octobre 1899, Jacqueline Chesneau de la Haugrenière, dont un enfant ; *C. Pierre : D. Henry*, qui a épousé en novembre 1899 Marie-Thérèse-Yvonne Magon de la Giclais, dont un enfant ; *E. Marie-Antoinette*, qui a épousé à Sonzay, le 23 octobre 1901, *Hyacinthe O'Briot de la Crochais*, son cousin ;

3° *Anne-Marie de la Ruë du Can*, née à Nantes en 1838, qui a épousé à Castel-Launay, le 12 septembre 1859, son cousin, *Paul Mouësan, comte de la Villirouët*, veuf d'Angèle de Baglion ; elle est morte à Rennes le 17 juillet 1865, n'ayant eu que deux filles dont une seule a survécu ; *Anne-Marie de la Villirouët*, née à la Touraille, le 20 septembre 1861, qui a épousé au château de Lémo, en Augan, le 10 janvier 1895, *Pierre Libault, comte de la Chevasnerie* dont une fille : Marie Théréze ;

4° *Octave, baron de la Ruë du Can, chef d'escadron de cavalerie démissionnaire*, né à Vendôme, le 16 juin 1848, qui a épousé : 1° à Nantes, le 19 janvier 1884, Nelly Avrouin-Foulon, veuve d'Eugène Icéry ; 2° à Nantes, le 5 décembre 1888, Marie Allenou. Il a pour enfants : du 1er lit : *René* ; du 2e lit : *Octave, Marie,* et *Anne-Marie.*

5° **Alexandre-Auguste-Jean-Marie-Joseph Desgrées du Loû**, né à la Châteigneraye, baptisé à Campénéac le 27 janvier 1775, il eut pour parrain Joseph-François-Marie le Provost, chevalier, sgr de la Voltais, et pour marraine, sa sœur aînée, Marie-Anne-Renée Desgrées, alors âgée de sept ans (1). Il mourut vers 1792;

6° **Jean-Marie-Jacques, comte Desgrées du Loû,** qui suit;

XIII°. — Jean-Marie-Jacques Desgrées du Loû, chef de nom et d'armes, comte Desgrées du Loû, châtelain du Loû et de Lesné, depuis 1813, puis **châtelain de Champgauchard.**

XIII°
Jean Marie Jacques, comte DESGRÉES DU LOU, époux 1° de Eulalie FABVRE: *d'azur au chevron d'argent accompagné en chef de deux marteaux d'or et en pointe d'un rocher du même sur une terrasse de sable.*
2° Caroline DE LAMBILLY: *d'azur à six quintefeuilles d'argent : 3. 2. 1.*

Né au château du Val, il fut baptisé à Saint-Léry. 1778. Il fut élevé chez ses parents à la Châteigneraye, en Campénéac, puis à Vannes et eut pour précepteur M. l'abbé Mahé. Devenu orphelin en 1802, il continua à demeurer à Vannes.

A la mort de son cousin-germain, le comte Desgrées du Loû, ancien président de la noblesse aux Etats de Bretagne, mort sans postérité au Loû, le 29 avril 1813, il était le dernier représentant mâle de la famille Desgrées, et il devint chef de nom et d'armes et héritier de Loû et de Lesné. Il avait alors 34 ans.

La nouvelle situation de sa fortune lui permit de se marier; et il épousa à Vannes, le 23 août 1813, *Eulalie-Perrine-Julie Fabvre*, fille de *Jean-Pierre Fabvre, sieur de Kerhervy, lieutenant-colonel de la Maréchaussée de Vannes, chevalier de Saint-Louis*, et de *Célestine-Catherine Drouin, dame du Plessix*, laquelle était

(1) Registres paroissiaux de Campénéac.

fille de Me Drouin du Plessix, le fameux avocat général de la cour de Rennes.

La famille Fabvre, que nous trouvons depuis le XVIIe siècle dans les pays de Vannes et de Ploërmel, s'y est alliée entre autres aux du Kercron, Mérel de Kerivallan, Dumay de la Morissais. Gabriel-Jean-Marie Fabvre, avocat au Parlement, notaire Royal à Ploërmel, puis Procureur au Présidial de Vannes, épousa vers 1739 Marie-Anne Gaillard de Kerbertin ; il acheta en 1785, de M. de Rossi, moyennant 12.000# pour chacun des acquêts, un hôtel, dit « la Grand'-Maison » sur le port de Vannes, et le manoir de Remfort en Conleau. Il eut : Jean-Pierre, qui suit, et Gabrielle-Vincente, qui épousa en 1777 François Gobbé de la Gaudinais, de Nantes, capitaine de navire. Jean-Pierre Fabvre, sieur de Kerhervy, Remfort, chef d'escadrons, puis lieutenant-colonel de la maréchaussée de Vannes et chevalier de Saint-Louis, eut, entre autres, de Célestine-Catherine Drouin du Plessix : Mesdames Julien Aché du Mézo, Amant Mahé de Villeneuve, la comtesse Desgrées du Loû et Gabriel-Jean Fabvre, né à Vannes en 1774, qui fit toutes les guerres du Consulat et de l'Empire, et était en 1814 général, baron de l'Empire, commandeur de la Légion d'Honneur et chevalier de la Couronne de Fer ; la Restauration le nomma lieutenant-général et chevalier de Saint-Louis ; il mourut en 1858, ayant eu de Jeanne-Marie-Thérèse le Mauff de Kergal : Madame Muiron ; Madame Eudes, et Félix-Marie, baron Fabvre, châtelain de Liziec en Vannes, capitaine d'artillerie, chevalier de la Légion d'Honneur, qui épousa Mademoiselle Marie Eudes sa nièce, dont : Félix, baron Fabvre châtelain de Liziec, né en 1861, qui épousa à Vannes en août 1887 Anna Gros de Boisséguin, et mourut en janvier 1897, laissant un fils, Gabriel.

Après son mariage le comte Desgrées habita tantôt au Loû, tantôt à Vannes, puis au manoir de Champgauchard en Vannes, qu'il acheta en 1825.

La c^tesse^ Desgrées du Loû, née Fabvre mourut à Vannes le 22 janvier 1828, ayant eu huit enfants.

Après sa mort, son mari vendit, le 7 août 1829, ses terres du Loû et de Lesné La terre du Loû fut achetée par M. Pierre-Yves Heurtel, armateur à Saint-Servan, moyennant 82.000 : la terre de Lesné fut achetée par M. Jules Dupont, également de Saint-Servan, moyennant 37.000 francs.

Le comte Desgrées épousa en secondes noces, à Rennes le 17 février 1832, *Caroline de Lambilly*, né à Chichester, en Angleterre, le 23 février 1807, seconde fille de *Laurent-Xavier-Martin, comte de Lambilly, ex-officier aux gardes françaises et chevalier de Saint-Louis*, et de *Marie Fifield,* et petite-fille de Pierre Laurent, marquis de Lambilly, et de Françoise-Thérèze-Jacquette de la Forest d'Armaillé. La maison de Lambilly est l'une des plus anciennes de Bretagne et possède depuis le XIIe siècle la seigneurie de ce nom auprès de Ploërmel. Elle produisit un chevalier Croisé en 1248 ; par ses alliances avec les Quélen en 1484, les Bréhault en 1566, et les Rogier en 1644, elle se rattache aux familles souveraines de Bretagne et de France (1).

Caroline de Lambilly avait douze frères ou sœurs, entre autres : 1° Françoise-Marie de Lambilly, qui

(1) Voir *La Comtesse de Villirouët, née de Lambilly*, et la *Généalogie de la famille de Lambilly*, par le comte de Bellevüe.

épousa à Redon en 1828 Louis Dumoustier, dont : Caroline-Marie Dumoustier qui a épousé en 1873 Victor de Kérouallan, dont : Amaury de Kérouallan ; 2° Louis, comte de Lambilly, qui épousa en 1855 Céline de la Motte-Rouge, morte, veuve et sans postérité, en 1887 ; 3° Philippe-Auguste, comte de Lambilly, qui épousa en 1856 Augustine du Boullay, et mourut veuf et sans postérité à Vannes 1900 ; 4° Charles, comte de Lambilly, chef de bataillon aux Zouaves Pontificaux, commandeur de l'ordre de Saint-Sylvestre, chevalier de Saint-Grégoire le Grand, etc., qui épousa en 1859 Rosalie Gobbé de la Gaudinais, belle-sœur de M. Henry Desgrées du Loû ; il est mort à Vannes le 21 octobre 1901, laissant : Raphaël, comte de Lambilly, époux depuis 1894 de Paula Wergauwen et père de Alain ; et Marthe de Lambilly ; 5° Henry de Lambilly, qui épousa en 1862 Joséphine Michel, et est mort à Saint-Malo, en 1900, laissant deux filles, non mariées, Jeanne et Joséphine.

Laurent-Xavier-Martin, comte de Lambilly, père de la comtesse Desgrées, était frère du marquis de Lambilly, de la comtesse le Valois de Séréac, de la comtesse Mouësan de la Villirouët, de la comtesse de la Vigne-Dampierre.

Le comte Jean-Marie-Jacques Desgrées du Loû mourut à Champgauchard le 25 mai 1851, âgé de 73 ans.

Sa veuve mourut à Vannes le 31 mai 1874.

Le comte Desgrées avait eu huit enfants du premier mariage, et un du second ; du premier lit :

1° **Eulalie-Céleste-Marie Desgrées du Loû**, née à Vannes en 1815, qui épousa un gentilhomme Espagnol, *Monsieur de Vida* ; ils sont morts en Espagne sans postérité :

2° Elisabeth-Marie-Antoinette Desgrées du Loû, née à Vannes en 1817, morte sans alliance :

3° Louis-Marie, comte Desgrées du Loû, châtelain de Champ-Gauchard et du Cormier, né au Loû en 1818 ; il fut percepteur à Locminé; il épousa à Vannes, vers 1849, *Antoinette de Margadel,* née à Vannes, le 20 mars 1814, fille de *Louis-Joseph de Margadel, Maréchal de Camp, châtelain du Gras-d'Or,* en Vannes (1) et de *Marie-Josèphe Bossard,* dame *du Clos-Bossard,* celle-ci fille de Anne-Claude Bossard du Clos, ex-officier de Dragons.

DE MARGADEL: *d'azur à la croix d'argent, chargée de cinq larmes de gueules.*

La famille de Margadel, originaire de Lorraine, s'arme : *d'azur à la croix d'argent, chargée de cinq larmes de gueules* Elle a produit Charles-Nicolas de Margadel dit « Joubert », membre du comité Royaliste de l'Agence Anglaise des Princes, qui fut arrêté et fusillé à Paris le 19 novembre 1800.

Louis-Joseph de Margadel, frère de Charles-Nicolas, était né en 1771, fils de Louis-François, chevalier sgr de la Tour de Nonsart, et de Marguerite-Charlotte de Bourgogne : il émigra à l'armée des Princes en 1791, échappa au désastre de Quiberon, et alla rejoindre l'armée de Scépeaux en Vendée ; il reprit les armes en 1799 et fut nommé major d'infanterie à l'armée Royale de Bretagne. Il épousa, à Vannes, vers 1801, Marie-Josèphe Bossard du Clos, fille d'Anne-Claude Bossard du Clos, ex-officier de dragons. Décoré de la croix de Saint-Louis en 1814, il commanda aux Cent Jours la division de l'armée Royale du Mor-

(1) Le Gras-d'Or fut vendu par les Margadel, et est devenu, d'abord la propriété des Dames de la Retraite, puis le Grand-Séminaire du diocèse de Vannes.

bihan dont faisaient parti les écoliers de Vannes et de Saint-Méen.

La comtesse Louise Desgrées du Loû mourut à Vannes le 5 janvier 1882 ; son mari vendit vers 1895 Champ-Gauchard, en Vannes, où est actuellement le cercle catholique militaire ; il acheta vers 1885 du vicomte Alfred de Bréhier la terre et le château du Cormier, en Bovel. Il est mort à Rennes, le 31 octobre 1899, ne laissant qu'une fille :

Fanny Desgrées du Lou, dame du Cormier, née à Locminé en 1862, qui a épousé à Vannes, le 8 août 1870, *Hyacinthe Briot de la Crochais, châtelain du Bois-de-Nast*, en Bovel, ex-zouave pontifical, puis volontaire de l'Ouest, décoré des médailles de Castelfidardo, de Mentana et de Bene-Merenti, né au Bois-de Nast le 15 juillet 1841, fils de Cyr-Charles Briot de la Crochais et de Mathilde-Marie de la Noë de Coëtpeur de du Bois-de-Nast. La famille Briot, ou O'Briot, qui se dit originaire d'Irlande, se fixa en Bretagne à la fin du XVIIIe siècle, et posséda le château de Loyat, près de Ploërmel. Elle s'arme : *de gueules au chevron d'argent, accompagné, en chef de deux croix pattées d'or, et en pointe d'une tête de léopard du même.*

BRIOT : *de gueules au chevron d'argent, accompagné en chef de deux croix pattées d'or et en pointe d'une tête de léopard du même.*

Monsieur Hyacinthe Briot de la Crochais a eu de Fanny Desgrées du Loû :

1° *Hyacinthe Briot de la Crochais* né à Vannes le 27 mai 1871, qui a épousé au château des Cartes, en Sonzay (Indre et-Loire), le 23 octobre 1901, sa cousine Marie-Antoinette de la Ruë du Can, née aux Cartes, le 24 août 1878, fille de Casimir, baron de la Ruë du Can, et de Marie-Thérèse Quarré de Boiry ;

2° *Gustave Briot de la Crochais*, né au Bois de Nast, le 31 juillet 1873, qui a épousé à Dinan, le 6 septembre

1899, Jeanne de Brossard, fille de Auguste de Brossard, et de Mélite Colin de Boishamon, dame de la Bellière ;

3° *Henry Briot de la Crochais* né au Bois de Nast le 1er décembre 1876 ;

4° *Pierre Briot de la Crochais*, né au Bois de Nast le 15 septembre 1883 ;

5° *Xavier Briot de la Crochais*, né au Bois de Nast le 17 mars 1888.

4° **Emmanuel,** qui suit ;

5° **Arthur-Jean-Marie Desgrées du Loû, vicomte Desgrées du Loû,** né au Loû le 27 avril 1820, il fut employé aux finances ; et épousa à Guérande, le 5 mai 1855, *Marie-Cécile de Douville*, née à Sarzeau le 3 novembre 1818, fille de *Claude-Vincent de Douville*, et de *Marie-Jeanne-Perrine Brenugat de Kerveno*. La famille de Douville, dont le nom patronymique est Trottin, est noble d'extraction et originaire de l'élection de Falaise, en Normandie ; elle s'arme : « d'azur à trois étoiles d'argent, 2. et 1 ». La vicomtesse Desgrées du Loû avait pour sœur Mesdames Denis Espivent de Perran et Paul-Emile de Lesquen.

De Douville : *d'azur à trois étoiles d'argent.*

Le vicomte Arthur Desgrées du Loû est mort à Rennes le 7 avril 1900, et sa veuve est morte également à Rennes le 1er octobre 1901, laissant deux fils :

Arthur, vicomte Desgrées du Loû, né à Nantes le 13 décembre 1856, qui a épousé : 1° à Rennes le 27 octobre 1879, *Gabrielle-Cécile-Marie le Nepvou de Carfort* fille du *comte de Carfort* et de *Constance-Anne le Boucher-Villegaudin* ; morte à Rennes le 27 août 1881 ; 2°, le 29 octobre 1882, *Marie-Thérèse de Gratteloup*, fille du *baron de Gratteloup, Sous-Intendant militaire, chevalier de la Légion d'Honneur*, et de *Pauline de la*

Le Nepvou de Carfort : *de gueules à six billettes d'argent : 3. 2. 1, au chef d'argent.*

De Gratteloup : *de gueules au loup ravissant d'argent.*

Flaugrenière. La famille de Nepvou de Carfort s'arme : « de gueules à six billettes d'argent, 3. 2. 1, au chef d'argent ». La famille de Gratteloup s'arme : « de gueules au loup ravissant d'argent ».

Le vicomte Arthur Desgrées du Loû a, du premier lit, une fille : **Gabrielle**, née à Rennes, le 27 octobre 1880 ; et, du second lit, une autre fille : **Odette**, née au château de la Roche-Morna, en Saint-Gemmes-sur-Loire (Maine-et-Loire), le 27 janvier 1891 :

B. Jean Desgrées du Loû, né à Guérande le 29 octobre 1858, qui a épousé à Nantes le 5 janvier 1891 *Marie-Josèphe Dézanneau*, fille du *docteur Jean Dézanneau* qui fut *député de la Loire-Inférieure* dont il a : **1° Emile**, né à Rennes, le 20 avril 1892; **2° Serge-Louis-Antoine**, né le 28 août 1895;

6° Jean-Marie-Pierre Desgrées du Loû, châtelain de Roscanvec, en Elven, né au Loû, le 25 avril 1821, il fut employé des postes, puis percepteur, et il épousa à Guidel en septembre 1858 *Marie-Françoise Jégou du Laz*, fille d'*Eugène*, et de *Camille Hersart de la Villemarqué*. La famille Jégoû du Laz est d'ancienne extraction noble de Bretagne. La famille Hersart, également bretonne et noble d'ancienne extraction, a produit entre autres M. le vicomte Hersart de la Villemarqué, membre de l'institut, qui a fait connaître et apprécier toute la beauté des anciennes poésies bretonnes.

JÉGOU DU LAZ : *d'argent au huchet de sable, accompagné de trois bannières d'azur chargées chacune d'une croisette d'or.*

M. Jean-Marie Desgrées du Loû est mort au manoir de Roscanvec le 21 mars 1885.

Il laissa trois enfants :

A. Jean Desgrées du Loû, né à Paris le 8 mai 1861 :

B. Henry Desgrées du Loû, né à Gimont, le 10 février 1863 ;

C. Marie Desgrées du Loû, née à Châlons-sur-Saône, le 5 avril 1869, qui a épousé à Guidel le 13 janvier 1893 *M. Riou du Cosquer*, fils de *Gustave Riou du Cosquer*, et d'*Amélie Veron*. La famille Riou, d'ancienne extraction noble de Bretagne armes : « d'azur à trois épis de froment d'or. » M. et Mme Riou du Cosquer demeurent à Brest ; ils ont deux enfants : 1° *René*, né à Brest, le 5 août 1894, 2° *Yvonne*, née à Brest le 30 mars 1901 ;

Riou : *d'azur à trois épis d'or.*

7° Raoul-Marie, vicomte Desgrées du Loû, né à Vannes le 15 janvier 1827, il fut receveur des postes à Saint-Maixent, Morlaix, Saint-Malo et Mayenne ; démissionnaire en 1886, il alla se fixer à Quimper. Il a épousé à Rennes le 5 mai 1858 *Bethsy Viriot*, née à Cayenne, le 31 août 1833, fille de *Joseph Viriot* et de *Bethsy-Hubert de la Hayrie*, et sœur de Mathilde Viriot, épouse d'Emmanuel Desgrées du Loû. Ils n'ont eu que trois filles :

A. Elisabeth Desgrées du Loû, religieuse du Sacré-Cœur, née à Paris le 21 février 1859 ;

B. Jeanne Desgrées du Loû, née à Rennes, le 24 mars 1860 ;

C. Marie Desgrées du Loû, née à Saint-Maixent, le 20 octobre 1862 ;

8° Aglaé-Marie Desgrées du Loû, religieuse, née à Vannes en 1828, morte à Paris en 1858 ;

Le comte Jean-Marie Desgrées du Loû n'eut qu'un fils de son second mariage avec Caroline de Lambilly :

Henry Desgrées du Loû, ancien officier de cavalerie, chevalier de la Légion d'Honneur

GOBBÉ : *d'azur à l'aigle d'or.*

DE CHATELLUS : *de sable au chevron d'or, accompagné en pointe d'un lion, au chef d'or.*

et de l'Ordre Pontifical de Saint-Grégoire-le-Grand ; né à Vannes le 1er avril 1833, il entra à Saint-Cyr en 1852 et en sortit dans la cavalerie. Il fit, comme capitaine au 12e dragons, toute la campagne de 1870-1871, et fut créé chevalier de la Légion d'Honneur pour sa belle conduite à la bataille de Forbach (6 août 1870), où il commandait l'un de deux escadrons du 12e dragons, qui, avec une compagnie du génie, arrêtèrent par leur feu une division prussienne, commandée par le général Grûner et rendirent possible la retraite du 2e corps de l'armée française.

Il donna sa démission en 1872.

Il avait épousé : 1° à Vannes, le 1er mars 1859, *Philomène Gobbé de la Gaudinais* née à Nantes le 14 février 1836, fille de *Gabriel-François*, et de *Cécile-Robert*. La famille Gobbé, originaire du diocèse de Vannes, produisit un procureur du roi à Carhaix en 1669, un maire de Rhuys en 1712; elle s'arme : « d'azur à l'aigle d'or ». Mme Henry Desgrées, née Gobbé de la Gaudinais, mourut à Vannes, le 26 décembre 1869, ayant eu cinq enfants. Son mari épousa en secondes noces, à Paris, le 25 avril 1873, *Claudine-Marie de Chatellus*, née à Lyon le 5 avril 1836, fille de *Barthélemy-Ernest, comte de Chatellus*, et de *Jeanne-Valentine de Montherot*. La famille de Chatellus, originaire du Foréz, s'arme : « de sable au chevron d'or, accompagné en pointe d'un lion, au chef d'or. »

Marie de Chatellus, qui épousa en 1873 Henry Desgrées du Loû, avait épousé, en premières noces, en 1857, Humbert, comte de Lambilly, lieutenant-colonel, chef d'téat-major du 16e corps, officier de la Légion d'Honneur, décoré du Medjidié, de Sainte-Anne de Russie, de l'Aigle Noir de Prusse, mort le 18 janvier 1871 des suites des blessures qu'il avait reçues au combat du Mans ; il avait eu deux fils : Geoffroy, marquis de Lambilly, capitaine de cavalerie, époux de Amélie de Ravinel, et Robert, comte de Lambilly, capitaine de cavalerie, époux de Thérèse Roger de Villers (1).

Monsieur et Madame Henry Desgrées du Loû demeurent à Vannes et ont eu deux enfants.

Henry Desgrées du Loû a eu de son premier mariage cinq enfants :

A. Xavier Desgrées du Loû, capitaine d'infanterie, chevalier de la Légion d'Honneur, né à Vannes le 13 mars 1860 ; sorti de Saint-Cyr en 1882, il servit dans la Légion Etrangère, comme lieutenant du 15 mai 1888 au 2 octobre 1891, et comme capitaine au 14 janvier 1892 au 17 octobre 1896 ; Il fit les campagnes du Tonkin, du 12 janvier 1889 au 10 décembre 1898, et du 3 février 1893 au 17 octobre 1896 ; cité le 9 avril 1894 à l'ordre du jour des troupes d'Indo-Chine, après l'affaire de Gia-Heo (6, 7 et 8 novembre 1893), proposé d'office par le général Duchemin pour la croix de la Légion d'Honneur, et nommé chevalier de la Légion d'Honneur à la suite des combats de Lang-Sung (17 septembre, 19 et 21 octobre 1894). Il a épousé à Vannes, le 9 septembre 1896 *Renée Daudeteau* fille de *Louis Daudeteau, chevalier de la Légion d'Honneur*, et de *Antoinette le Pelletier d'Angoville* ; dont il a :

aa. **Anne Desgrées du Loû**, née le 30 janvier 1898.

bb. **Jacques Desgrées du Loû**, né le 19 août 1899.

B. Marie Desgrées du Loû, religieuse carmé-

(1) Voir la *Généalogie de la famille de Lambilly*, par le comte de Bellevüe.

lite, née à Vannes, le 16 septembre 1861, elle entra au Carmel de Saint-Brieuc le 21 novembre 1884, et prit, en religion, le nom de « sœur Philomène » :

C. **Henriette Desgrées du Loû**, née à Vannes, le 10 juillet 1863, morte à Vannes le 19 avril 1864 ;

D. **Rogatien Desgrées du Loû**, né à Lunéville, le 5 mars 1865, mort à Lunéville le 25 octobre 1865 ;

E. **Emmanuel Desgrées du Loû, ex-aide commissaire de la marine, avocat et journaliste**, né à Vannes le 22 février 1867, aide-commissaire de la marine en 1891, démissionnaire en 1892, puis avocat à Brest et directeur politique à Rennes des journaux républicains libéraux de « l'Echo de l'Ouest » et de « l'Ouest-Eclair ». Il a épousé, à Brest le 17 novembre 1891, *Jeanne Hammonot*, fille de feu *Alphonse Hamonno, président du Tribunal de Brest* et de *Sophie Piédevache*, laquelle appartient à la famille des Piédevache, une des plus anciennes de Bretagne. Il a trois enfants.

aa : **Emmanuel**, né le 2 mai 1895 ;

bb : **Madeleine**, née le 11 mars 1896 ;

cc : **Paul**, né le 3 avril 1897.

Henry Desgrées du Loû a deux fils de son second mariage avec Marie de Châtellus :

A. **Pierre Desgrées du Loû, officier d'infanterie**, né à Vannes le 31 janvier 1874, qui a épousé, à Orléans, le 16 janvier 1901, *Madeleine Courel*, fille de *Alphonse, comte Courel, ancien magistrat*, et de *Marie-Anne Leroux* ; dont *Anne-Marie*, née à Guingamp le 1er novembre 1902 ;

B. **Henry Desgrées du Loû, officier de cavalerie**, né à Vannes le 8 août 1875, sorti de Saint-Cyr en 1897, actuellement lieutenant au 2e chasseurs d'Afrique.

XIVᵉ. — Emmanuel Desgrées du Loû, vicomte Desgrées du Loû.

XIVᵉ Emmanuel vicomte DESGRÉES DU LOU époux de Malthilde VIRIOT.

Né à Vannes le 19 janvier 1819, il fut employé au ministère des Finances, puis receveur des Hospices de Vannes, place qui lui fut enlevée pour cause politique en 1882.

Il épousa à Rennes, le 4 avril 1853, *Matilde-Marie-Henriette Viriot*, née à Cayenne le 29 avril 1829 fille de *Joseph-Adolphe Viriot*, et de *Bethsy* (*Elisabeth*) *Yvonne Hubert de la Hayrie*.

La famille Viriot, originaire de Lorraine, s'établit aux Antilles vers le commencement du XVIIIᵉ et ses membres ont occupé à Cayenne d'honorables situations dans l'armée, la marine, la magistrature. Joseph-Adolphe Viriot était officier de Milice, commandant de quartier et maire de Cayenne, lorsqu'il quitta la colonie en 1838, à cause de la santé de sa femme, pour se fixer en Bretagne.

La famille Hubert est d'ancienne extraction de chevalerie bretonne et posséda la seigneurie de la Hayrie, en Goven, du XIVᵉ siècle à la dernière moitié du XIXᵉ siècle ; elle s'arme : « d'argent à trois jumelles de gueules », et elle a produit un abbé de Saint-Jacques de Montfort en 1456, deux auditeurs des comptes de 1524 à 1573, un général de division en 1884. M. de la Hayrie, père de Mᵐᵉ Viriot, avait habité pendant quelque temps les colonies.

La vicomtesse Desgrées du Loû, née Viriot, avait pour sœur, Bethsy, qui épousa en 1858 Raoul Desgrées du Loû, frère du vicomte Emmanuel. Elle est morte à Rennes le 31 août 1887.

Son mari est mort également à Rennes le 10 janvier 1893,

Ils avaient eu sept enfants :

1° **Gabrielle Desgrées du Loû**, née à Vannes le 9 juin 1854, qui a épousé à Rennes, le 15 mai 1883, *Adrien Douard* d'une famille de la Mayenne ; elle est morte sans enfant à Laval le 20 janvier 1900 ;

2° **René-Henry-Jean-Marie**, né à Vannes le 6 juillet 1855, mort à Vannes le 8 décembre 1861 ;

LE JARIEL : *d'argent au chevron de gueules, accompagné de trois jars de même.*

3° **Marie Desgrées du Loû**, née à Vannes le 9 mars 1857, qui a épousé à Vannes le 9 mars 1877 *René le Jariel de Fontenay*, d'une famille bretonne qui s'arme : « d'argent au chevron de gueules accompagné de trois jars de même. » M. et Mme le Jariel de Fontenay habitent Rennes avec leurs quatre enfants : *Marie, René, Anne et Germaine ;*

4° **Roger-Marie-Joseph**, qui suit ;

5° **Mathilde Desgrées du Loû**, née à Vannes le 6 juillet 1858, morte à Nantes sans alliance le 6 janvier 1888 ;

6° **Marguerite Desgrées du Loû**, née à Vannes le 28 février 1872 ;

7° **Guy Desgrées du Loû, baron Desgrées du Loû, officier d'infanterie**, né à Vannes le 24 mai 1873, qui a épousé à Grasse (Alpes-Maritimes), le 31 décembre 1901 *Héloïse Jouan.*

XV° Roger, comte DESGRÉES du Loû, époux d'Amélie BICHEIRON : *de sable à la biche passant d'argent, au chef cousu d'azur et chargé de trois étoiles d'or.*

XV°. — Roger-Marie-Joseph Desgrées du Loû, devenu **comte Desgrées du Loû, chef de nom et d'armes** à la mort de son oncle Louis, comte Desgrées du Loû, en 1899.

Né à Vannes le 10 juillet 1860, il a épousé à Nantes le 14 octobre 1893 *Marie-Amélie Bicheiron*, née à

Nantes le 17 août 1864, fille de *Prosper Bicheiron* et de *Marie-Anne Viaud*.

La famille Bicheiron est originaire de Grèce, et s'arme : « parti : au 1. de sable au renard (ou à la biche), passant d'argent, au chef cousu d'azur chargé de trois étoiles d'or ; (qui est Bicheiron) au 2 : d'argent au monde d'azur surmonté d'une croizette d'or » ; (qui est Tournefort) devise : « *Si fugero vincam* ». Elle s'est alliée à l'illustre maison de Podio, fondue en Bicheiron à la fin du XVIe siècle, aux familles de Souhygarais, de Bouchaud de la Pignonnerie, de Tournefort, de Rieux, de la Loirie, de Chapotain, etc.

A la famille Viaud appartient Pierre Viaud, actuellement membre de l'Académie.

Le comte Roger Desgrées du Loù a eu pour enfants :

1° **Amélie**, née à Paris le 30 juin 1894, morte à Nantes le 11 septembre 1894 ;

2° **Amélie**, née à Auray le 3 juillet 1895 ;

3° **Victor-Roger-Marie-Joseph**, né à Rennes le le 11 février 1897 ;

4° **Roger-Marie-Joseph**, né à Paimbœuf le 24 février 1898.

Nota : Nous trouvons aussi, sans avoir pu préciser s'il se rattache à la famille Desgrées :

Yves Desgrées, s[r] de Kerescan, époux de Louise de Trémaudan, dont : *Yves Henry*, né à Plénée-Jugon, élève séminariste à Vannes en 1728.

Vannes. — Imprimerie LAFOLYE Frères, 2, place des Lices.

www.ingramcontent.com/pod-product-compliance
Lightning Source LLC
LaVergne TN
LVHW020409230826
846091LV00004B/1206

* 9 7 8 2 0 1 2 8 6 0 9 0 2 *